# Wanderführer Bergisches Land



## Die schönsten Wanderungen

- Rundwanderungen
- Streckenwanderungen

Kompass Wanderführer

# Wanderführer Bergisches Land

Ausgewählt, begangen
und beschrieben
von Hans Jürgen Gorges

Deutscher Wanderverlag
Dr. Mair & Schnabel & Co. · Stuttgart

wandern+ radwandern

Die große Wanderbuch-Reihe
für grenzenloses Wandern

*Gesamte Kartographie:*
Ing.-Büro Adolf Benjes

*Umschlagbild:*
Waldwanderung
(*Foto:* Christina Garstecki)
*und Bild auf Seite 2:*
Im Bergischen Land
(*Foto:* Ulrich Schnabel)

8., überarbeitete Auflage, 2003

ISBN 3-8134-0262-2


Gutenbergstraße 13, D-73760 Ostfildern (Kemnat)
E-mail: kompass@deutscher-wanderverlag.de
www.deutscher-wanderverlag.de

Satz: Fotosatz-Team, D-70771 Leinfelden-Echterdingen
Druck: Roth Offset, D-73277 Owen/Teck
Printed in Germany

Gedruckt auf 100% chlorfrei gebleichtes Papier

# INHALT



## Rundwanderungen

**Wipperkotten** (© Stadt Solingen)



## Streckenwanderungen

### *Die Ruhr-Rhein-Tour*

# Orts- und Sachverzeichnis

Mit Nummern-Angaben der betreffenden Touren; es sind nur Punkte aufgenommen, die von den Wanderstrecken berührt werden.

**Leverkusen-Schlebusch, Schloß Morsbroich**
(© Stadtwerbung Leverkusen / Gup-Fotografie)

**Altenberger Dom** (© Gemeinde Odenthal / Hartmut Dietel)

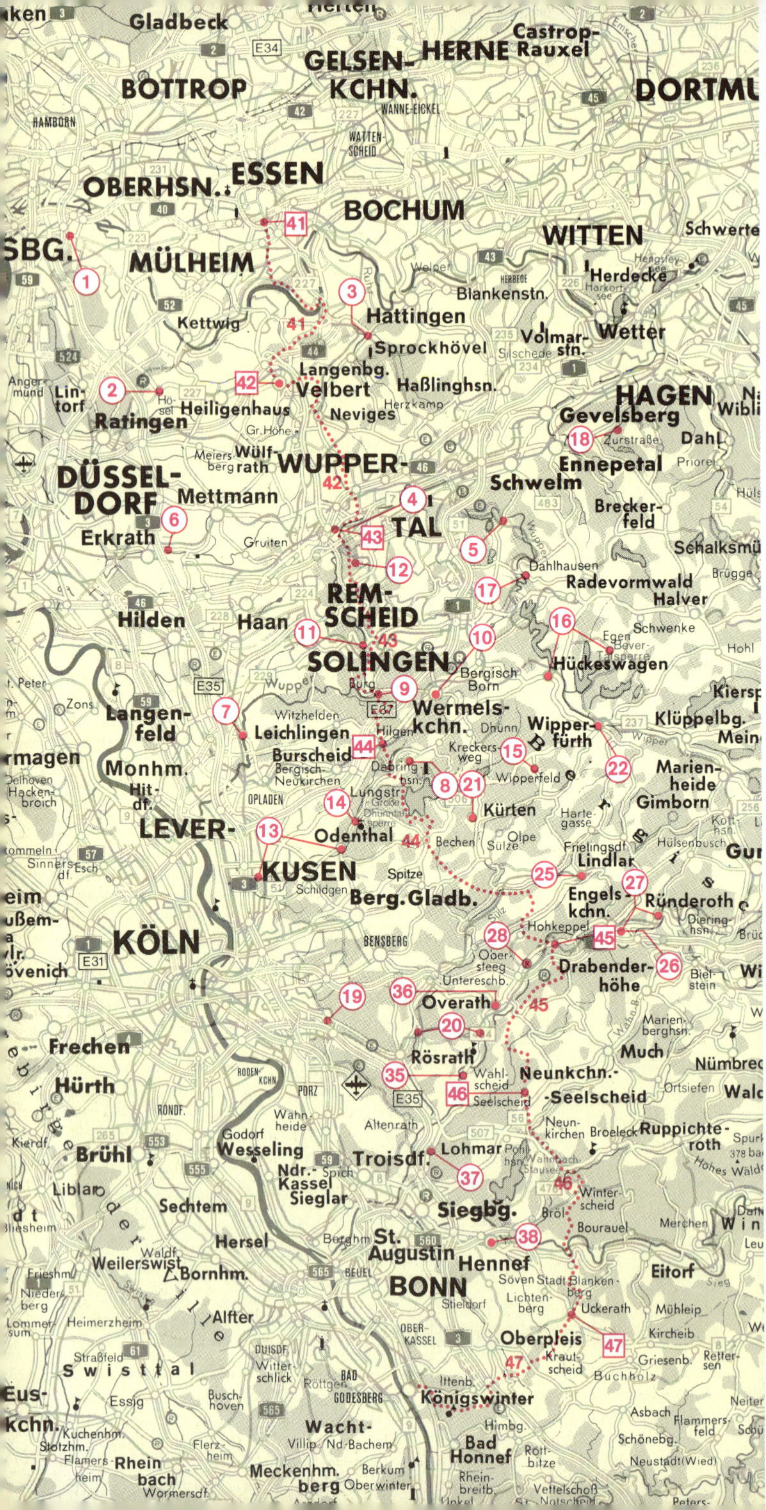

Gladbeck
E34
GELSEN-
KCHN.
HERNE
Castrop-
Rauxel
BOTTROP
DORTMU
HAMBORN
WANNE-EICKEL
WATTEN-
SCHEID
OBERHSN.
ESSEN
BOCHUM
41
WITTEN
Schwerte
SBG.
MÜLHEIM
1
Herdecke
Hengstey-
see
Harkort-
see
HERBEDE
Blankenstn.
3
Welper
Kettwig
41
Hattingen
Wetter
Volmar-
stn.
Sprockhövel
Silschede
Anger-
mund
Lin-
torf
2
Hö-
sel
Ratingen
Heiligenhaus
42
Langenbg.
Velbert
Haßlinghsn.
Neviges
Herzkamp
HAGEN
Gevelsberg
Wibli
18
Zurstraße
Dahl
Gr. Höhe
Meiers-
berg
Wülf-
rath
WUPPER-
Ennepetal
Priorei
DÜSSEL-
DORF
Mettmann
42
Schwelm
4
TAL
Brecker-
feld
Hüls
6
Erkrath
43
5
Gruiten
12
Schalksmü
Dahlhausen
Radevormwald
17
Brügge
Halver
REM-
SCHEID
Hilden
Haan
11
43
10
16
Schwenke
Egen
Bever-
Talsperre
Hohl
SOLINGEN
Hückeswagen
Bergisch
Born
Burg
9
Kiersp
Peter
E35
Wupper
Zons
Langen-
feld
7
E37
Wermels-
kchn.
Witzhelden
Leichlingen
Hilgen
Dhünn
Wipper-
fürth
Klüppelbg.
Meine
rmagen
44
Burscheid
Kreckers-
weg
15
22
Bergisch-
Neukirchen
Monhm.
Dabring-
hsn.
8
21
Wipperfeld
Marien-
heide
Gimborn
Delhoven
Hacken-
broich
Hit-
df.
OPLADEN
Lungstr.
Große
Dhünntal-
sperre
14
Kürten
Harte-
gasse
LEVER-
13
Odenthal
44
Bechen
Olpe
Sulze
Frielingsdf.
Lindlar
Hülsenbusch
Gu
Kott-
hsn.
Sinnersdf.
Esch
KUSEN
Spitze
25
27
Schildgen
Engels-
kchn.
Ründeroth
Berg. Gladb.
Diering-
hsn.
KÖLN
28
Hohkeppel
45
E31
BENSBERG
Ooer-
steeg
Drabender-
höhe
26
Biel-
stein
Untereschb.
19
36
Overath
45
20
Marien-
berghsn.
Frechen
Rösrath
Much
Nümbrec
35
Wahl-
scheid
Neunkchn.-
46
Seelscheid
-Seelscheid
Ortsiefen
Hürth
RODEN-
KCHN.
PORZ
E35
RONDF.
Wahn-
heide
Altenrath
Neun-
kirchen
Broeleck
Ruppichte-
roth
Godorf
Wesseling
Lohmar
Pohl-
hsn.
Wahnbach-
Stausee
Brühl
Troisdf.
37
Hohes Wäldo
Liblar
Ndr.-
Kassel
Sieglar
Spich
46
Winter-
scheid
Sechtem
Siegbg.
Bröl
Bourauel
Merchen
Hersel
Bergheim
St.
Augustin
38
Weilerswist
Bornhm.
Hennef
BEUEL
Söven
Stadt Blanken-
berg
Eitorf
BONN
Lichten-
berg
Stieldorf
Uckerath
Mühleip
Alfter
Nieder-
berg
Heimerzheim
OBER-
KASSEL
Oberpleis
47
Kircheib
Straßfeld
Swisttal
DUISDF.
Witter-
schlick
Kraut-
scheid
Griesenb.
Retter-
sen
47
Buchholz
BAD
GODESBERG
Röttgen
Ittenb.
Eus-
kchn.
Essig
Busch-
hoven
Königswinter
Asbach
Flammers-
feld
Kuchenhm.
Stotzhm.
Flamers-
heim
Rhein-
bach
Wormersdf.
Flerz-
heim
Wacht-
Villip
Nd.-Bachem
Himbg.
Schönebg.
Meckenhm.
berg
Berkum
Oberwinter
Bad
Honnef
Rhein-
breitb.
Rött-
bitze
Vettelschoß
Neustadt (Wied)

DORTMUND
Kamen
Heeren-Werve
Unna
Massen
Hemmerde
Werl
Soest
Hilbeck
Schwefe
Ostönnen
Siddinghsn.
Meiningsen
Müllingsen
Wippringsen
Holzwickede
Frömern
Bremen
Ense
Möhnesee
Wickede
Körbecke
Stockum
Hengsen
Frohnhsn.
Schlünder
Ruhr
Voßwinkel
Möhne-Talsperre
Langschede
Fröndenbg.
Menden (Sauerld.)
Neheim-
Hennen
Arnsberger Wald
Haarstrang
Schwerte
Westhfn.
Ergste
Sümmern
Lendringsen
Hüsten
Bruchhausen
Breitenbruch
Herdecke
Wetter
Hemer
Stockschlade
Müschede
Arnsberg
Oeventrop
Freienohl
Deilinghofen
Hönne
Westig
Hachen
Hövel
Letmathe
Iserlohn
Hohenlimburg
Beckum
Langscheid
Sundern
Ob.-Berge
HAGEN
Selbecke
Nachrodt-Wiblingwerde
Ihmert
Balve
Sorpe-Talsperre
Hellefeld
Zurstraße
Dahl
Garbeck
Dahle
Langenholthsn.
Stockum
Endorf
Ennepetal
Priorei
Altena
Neuenrade
Amecke
Meinkenbracht
Affeln
Allendorf
Mathmecke
Werdohl
Lennegebirge
Hülscheid
Breckerfeld
Altroggenrahmede
Schalksmühle
Schliprüthen
Eslohe
Brügge
Lüdenscheid
Plettenberg
Rönkhsn.
Radevormwald
Halver
Hüinghsn.
Schönholthsn.
Kobbenrode
Heiligenstuhl
Loh
Herscheid
Finnentrop
Fretter
Schwenke
Immecke
Oedingen
Hohl
Vollme
Reblin
Elspe
Bracht
Oberelspe
Beverkalsperre
Wipperfürth
Windhsn.
Hückeswagen
Nordhelle
Grevenbrück
Lennestadt
Sauerland
Kierspe
Valbert
Attendorn
Klüppelbg.
Ebbegebirge
Wipper
Meinerzhgn.
Helden
Kirchveischede
Saalhsn.
Scherl
Lister-Stausee
Altenhundem
Marienheide
Berg
Würdinghsn.
Gimborn
Lieberhsn.
Bigge-Talsperre
Oberveischede
Hohe Bracht
Kirchhundem
Kotthsn.
Lantenb.
Agger-Stausee
Rhode
Hülsenbusch
Pernze
Wegeringhsn.
Rahrb.
Heinsberg
Gummersb.
Bergisches Land
Brachthsn.
Derschlag
Berg-Neustadt
Drolshgn.
Olpe
Kleushm.
Littfeld
Hilchenbach
Dreiherrnstein
Ründeroth
Dieringhsn.
Eckenhgn.
Breitenbach-talsperre
Erndtebrück
Husten
Gerlingen
Krombach
Brück
Kreuztal
Dahlbruch
Engelskirchen
Bielstein
Wiehl
Auchel
Reichshof
Rothemühle
Wenden
Oberholzklau
Buschhütten
Afholderbach
Lützel
Wiehl-Talsperre
Marienberghsn.
Winterborn
Brüchermühle
Büschergrund
Dreis-Tiefenb.
Netphe
Niedernetphen
Denklingen
Much
Nümbrecht
Lichtenberg
Friesenhgn.
Freudenbg.
Seelbach
Geisweid
Weidenau
Deuz
Ortsiefen
Waldbröl
Morsb.
Neunkirchen-Seelscheid
Ruppichteroth
Nd.-Fischbach
Gosenbach
SIEGEN
Spurkenbach
Hohes Waldchen
Erblingen
Volperhsn.
Birken
Honigsessen
Ndr.-Schelden
Mudersb.
Eiserfeld
Eisern
Nd.-Dielfen
Rudersdf.
Wilnsdorf
Kirchen (Sieg)
Pfannen-B.
Neunkchn.
Wilden
Salchendf.
Rosbach
Dattenfd.
Windeck
Merchen
Wissen
Betzdorf
Hamm
Leuscheid
Zeppenfeld
Herdf.
Würgendorf
Eitorf
Sieg
Niederirsen
Roth
Gebhardshain
Steineroth
Wahlb.
Daaden
Mühleip
Eichelhardt
Mörsb.
Elkenroth
Weitefeld
Burbach
Kircheib
Weyerbusch
Steinebg.
Friedewald
Emmerzhausen
Nd.-Dresselndf.
Griesenb.
Rettersen
Hüttenhofen
Rosenheim
Kroppach
Hoher Westerwald
Rabensch.
Neitersen
Altenkirchen (Westerw.)
Kirburg
Hof
Fuchskauten
Asbach
Flammersfeld
Hachenburg
Wahlrod
Unnau
Niederroßbach
Nisterr-Möhrendf.
Schönebg.
Schürdt
Neustadt (Wied)
Oberdreis
Höchstenb.
Alpenrod
Gr. Weißenstein
Asbach
Roßbach
Lochum
Rundwanderungen
Streckenwanderungen

# Einführung

Das Bergische Land wird im Westen durch den Rhein, im Norden durch die Ruhr und im Süden durch die Sieg begrenzt. Im Osten gibt es keine geographisch festlegbare Grenze. Daran wird schon deutlich, daß es sich bei der Benennung »Bergisches Land« weniger um eine geographische als um eine historisch-politische handelt. So stimmt die naheliegende Verbindung Bergisch = gebirgig auch nur mittelbar, trotz der überwiegend hügeligen Landschaft. Die Herren des Landes, die Grafen (später Herzöge) von Berg gaben ihm seinen Namen. Der erste Stammsitz, die Burg Berg, von der nur ein geringer Mauerrest erhalten ist, befand sich auf einer Anhöhe über der Dhünn beim heutigen Altenberg. Daher mag sich der Name herleiten: einfach Burg auf dem Berg.

Der erste, der sich Graf von Berg nannte, war Adolf I., der 1101 Gaugraf geworden war. Nur etwa 20 Jahre später verlegte er seinen Stammsitz nach Burg an der Wupper. Das heute bestehende Schloß Burg enthält nur wenig von der mittelalterlichen Anlage. Seit 1380 ist Düsseldorf Residenz der Herzöge von Berg.

Schon 1225 war das alte Grafengeschlecht von Berg erloschen. Seither wurden die Herren von Berg von fremden Häusern gestellt. 1380 werden die Grafen von Berg (damals aus dem Hause Jülich) in den Herzogsstand erhoben.

**Balkhausen** (© Stadt Solingen)

1806 muß das Gebiet an Napoleon abgetreten werden. Schließlich kommt es 1815 zu Preußen. Heute gehört es zu Nordrhein-Westfalen (Regierungsbezirke Düsseldorf und Köln). Ein kleiner Zipfel im äußersten Südosten gehört zu Rheinland-Pfalz.

So ergibt sich schließlich die Ostgrenze des Bergischen Landes: Es ist die Grenze des Bergischen Herrschaftsbereichs, an den ostwärts das Gebiet der Grafschaft Mark anschloß. Heute ist dies im wesentlichen die Grenze zwischen den Regierungsbezirken Düsseldorf und Köln einerseits und Arnsberg andererseits und im weiteren Sinn zwischen dem Rheinland und Westfalen.

Geographisch gesehen ist das Bergische Land größtenteils ein Ausläufer des Rheinischen Schiefergebirges. Es steigt von West nach Ost von der Rheinebene über die heute, sofern nicht bebaut, zumeist bewaldete Bergische Heide-Terrasse zum Bergisch-Sauerländischen Gebirge an, dessen westlicher Teil das Bergische Bergland bildet. Wie oben dargelegt, gibt es im Osten, zu Sauer- und Siegerland hin, keine geographische Grenze. Die Begrenzung des Bergischen Landes läßt sich in etwa mit der Linie Hattingen – Gevelsberg – Meinerzhagen – Freudenberg ausmachen. Höchste Erhebung ist mit 506 Metern der Unnenberg nordöstlich Gummersbach.

Das prägende Landschaftselement des Bergischen Landes ist das Wasser. Die im Regenstau der Mittelgebirgszone fallenden Niederschläge werden durch zahllose Wasserläufe und Flüsse zum Rhein hin entwässert. Wurde ehedem die vor allem im Bereich der Wupper gut verfügbare Wasserkraft zu früher Industrialisierung genutzt, so ist es heute das Wasser selbst, das in zahlreichen Talsperren aufgefangen und zur Versorgung der Ballungsräume an Rhein und Ruhr verwandt wird.

Die Kuppen zwischen den Wasserläufen und Bächen sind überwiegend mit Laubwald bedeckt. Um die Dörfer und zahllosen kleinen Weiler herum sind jedoch oft Rodungen entstanden, die, ebenso wie die breiteren Talzonen, meistenteils der Viehwirtschaft dienen. Der westliche Teil des Niederbergischen bietet ein anderes Bild. Die Landschaft ist offener, es herrscht Ackerbau vor.

Vom geographischen Aufbau her unterteilt man in Westbergisch (Rheinebene und Heide-Terrasse) und Innerbergisch (Bergland). Nicht damit zu verwechseln sind die wiederum historischen Begriffe Nieder- und Oberbergisch (Niederbergisch bezeichnet das Gebiet nördlich der Wupper).

In welchem bergisch auch immer, entdecken Sie die zahlreichen Denkmäler und genießen Sie eine unvergleichlich abwechslungsreiche Landschaft!

# Allgemeine Hinweise

Der Verfasser hat zwar an den angegebenen Punkten immer ausreichende *Parkmöglichkeiten* vorgefunden. Das heißt aber nicht, daß dies immer der Fall ist, und die in diesem Buch gemachten Hinweise sind keine Gewähr dafür, jederzeit einen Parkplatz vorzufinden. An Wochenenden mit schönem Wetter kann es in der Nähe beliebter Ausflugsziele knapp werden. Tun Sie nicht nur etwas für Ihre Gesundheit, sondern auch für die Umwelt und benutzen Sie nach Möglichkeit öffentliche Verkehrsmittel, denn verglichen mit manch anderen Wanderregionen sind im Bergischen Land die *Verkehrsverbindungen* hervorragend. Alle angegebenen Ausgangspunkte sind im regelmäßigen Verkehr angebunden, auch an Wochenenden. Das Gebiet liegt zum überwiegendsten Teil im Bereich der Verkehrsverbünde Rhein-Ruhr (VRR) und Rhein-Sieg (VRS).

Die Kilometerangaben der *Tourenlängen* sind gerundet, ebenso die Angaben der *Wegzeit.* Es wurde eine Gehzeit von 4 Kilometer/Stunde zugrunde gelegt. Bedenken Sie bei der Planung Ihrer Wanderungen, daß die Berge des Bergischen Landes zwar nicht sehr hoch sind, dafür aber sehr steil sein können und es viele davon gibt! Als *Höhenunterschiede* werden die Summen der Aufstiegsmeter angegeben, gerundet auf 20 Meter.

*Wegemarkierungen* werden Sie eine ganze Menge finden. Es gibt Hauptwanderwege, Bezirkswanderwege, örtliche Wanderwege, Rundwanderwege um Orte, Rundwanderwege von Parkplätzen... Lassen Sie sich nicht von mancher Zeichenflut verwirren und folgen Sie den Markierungen, die wir bei den jeweiligen Touren angegeben haben, wobei wir meistens nur solche Zeichen erwähnen, die ein längeres Stück mitlaufen. Zusätzlich haben wir die *Tourenbeschreibungen* (außer Tour 41–47) so unterteilt, daß immer ein neuer Abschnitt beginnt, wenn die Markierung wechselt. Da in unserem Gebiet alle Markierungen ausschließlich in weiß gehalten sind, erübrigt sich eine Farbangabe. Falls Sie einmal Fehler in der Markierung feststellen, ärgern Sie sich nicht, sondern seien Sie dankbar, daß viele Wanderfreunde der zuständigen Vereine einen guten Teil ihrer Freizeit opfern, um in ausschließlich ehrenamtlicher Tätigkeit die Wege in Schuß zu halten! Womit wir bei dem Hinweis angelangt sind, daß das Bergische Land vom Sauerländischen Gebirgsverein e.V. betreut wird, und zusätzlich im südwestlichen Teil der Kölner Eifelverein e.V. und der Westerwaldverein e.V. Wanderwege unterhalten.

Verlag und Autor haben keine Mühen gescheut, den vorliegenden Führer so zu konzipieren, daß Sie mit den Tourenbe-

**Leverkusen-Hitdorf, Hafen** (© Stadtwerbung Leverkusen / Reinemann)

schreibungen und Karten (und in der Natur mit den Wegezeichen) die einzuschlagende Route problemlos verfolgen können, so daß sich die zusätzliche Anschaffung von *Wanderkarten* erübrigt. Falls Sie dennoch auf Wanderkarten nicht verzichten wollen, benutzen Sie am besten die vom Landesvermessungsamt NRW herausgegebenen Freizeitkarten 1:50 000, die die bisherigen Ausgaben der Topographischen Karten mit Wanderwegen ablösen und auf deren Basis erstellt sind. Zu beziehen sind sie über den Buchhandel.

# 1 Durch den Duisburger Stadtwald

**Ausgangspunkt für Autowanderer** Großer Waldparkplatz Zoo/Universität an der Mülheimer Straße zwischen Duisburg und Mülheim, vom Zoo jenseits der Autobahn. Nächster Autobahnanschluß am Kreuz Kaiserberg (A 3, A 40). Weitere Parkmöglichkeiten in Mülheim: Wanderparkplatz Ellenberg an der Großenbaumer Straße. Parkplatz bei den Sportanlagen an der Uhlenhorststraße/Ganghofer Weg.
**Ausgangspunkt für ÖPNV-Wanderer** Duisburg Zoo. U-/Straßenbahn Duisburg – Zoo – Mülheim.
**Tourenlänge** 14 Kilometer.
**Wegzeit** 3,5 Stunden.
**Höhenunterschiede** 40 Meter.
**Wegmarkierungen** Wegekreuz hinter Ausgangspunkt – Wegetreff vor Ellenberg X30, Waldschule – Ausgangspunkt XR.
**Wanderkarte** Freizeitkarte 1:50 000, Blatt 13.
**Wissenswertes** Die abwechslungsreiche Waldwanderung führt durch den nordwestlichsten Zipfel des Bergischen Landes auf dem Höhenrücken zwischen Rhein und Ruhr, der den nördlichen Ausläufer der Heide-Terrasse darstellt. Der *Duisburger Zoo* ist einer der größten Deutschlands. Besonders hervorzuheben sind das Delphinarium, das größte Aquarium Europas, die größte Anlage Europas für Menschenaffen und der Chinesische Garten.

**Tourenbeschreibung** Wer von der Straßenbahn ausgeht, muß zunächst der *Mülheimer Straße* ein Stück folgen über Eisen- und Autobahn hinweg zum großen Parkplatz. Hier rechts halten, bei der Parkplatzeinfahrt in den Wald (Wegweiser zum Waldgottesdienst, Markierungen u.a. M im Kreis und N). Wir erreichen ein Wegedreieck mit Fichtenpflanzung und halten uns hier rechts. Auf diesem Weg bleibend kommen wir zu einer Kreuzung.

Es geht geradeaus weiter (Zum Waldgottesdienst) mit der Markierung X, die uns ein längeres Stück leitet. Wenn rechts jenseits der Autobahn die Duisburger Universität in Sicht kommt, geht es links und sofort wieder rechts auf einen Waldlehrpfad. Dann wieder links und an der Stadtwerkemeßstation halbrechts. An der nächsten Kreuzung wieder rechts und leicht abwärts, vorbei an der Quelle *Heiliger Brunnen.* Über einen Bach und links durch zwei Bahnunterführungen. Vor einer Senke links halten zur Straße. Diese kurz rechts berühren und links wieder in den Wald. Wieder durch eine Bodensenke, dann etwas stärker auf dem *Hombergsweg* ansteigen. Man passiert einen Sportplatz,

kreuzt eine schmale Straße und geht rechtshaltend ohne festen Weg leicht abwärts. Links auf Teerweg und rechts auf den *Vogelherdweg* bis zu einem Wegetreff mit Schutzpilz.

Jetzt ohne Markierung rechts ab auf den linken Weg *Ellenbruch.* Am Ende links (Markierung Quadrat) und neben Wanderparkplatz zur *Großenbaumer Straße.* Dieser links entlang folgen.

Wir kommen an der *Waldschule* vorbei, jetzt mit Markierung XR, die bis zum Ausgangspunkt zurückführt. Das Zeichen leitet später links von der Straße ab auf einen unbefestigten Weg. Über einen Bach und in der Siedlung links auf den *Ganghofer Weg*

**Die Kniende von Wilhelm Lehmbruck im Immanuel-Kant-Park**
(© Presse- und Informationsamt der Stadt Duisburg)

(Parkplatz). 100 Meter nach einer Kreuzung rechts auf schmalen, etwas verwachsenen Pfad. Auf einen Teerweg rechts einschwenken und an der Evangelischen Akademie links die Straße entlang. An der Ampelkreuzung rechts *(Katzenbroich)* und geradeaus durch die Siedlung. Sofort hinter der Bahnüberführung links und am Waldrand wieder rechts, ansteigen. Oben halblinks und dann rechts, eine Hecke entlang. An der Akademie *Wolfsburg* vorbei und bei den Wohnhäusern links in den Wald. An einer Kreuzung geradeaus wird wieder das Wegedreieck mit Fichtenpflanzung erreicht. Rechts geht es zurück zum Ausgangspunkt. Wer von Mülheim ausgegangen ist, verläßt hier die Markierung XR und hält sich links (A1, N).

# 2 Durch die Saarner Mark zu den Ruhrhöhen

**Ausgangspunkt für Autowanderer** Wanderparkplatz Am Sondert an der B 227 zwischen Ratingen-Breitscheid und Ratingen-Hösel. Nächster Autobahnanschluß am Kreuz Breitscheid (A 3, A 52, A 524). Weitere Parkmöglichkeit in Mülheim: Gasthaus Jagdgrenze an der Mühlenbergheide.
**Ausgangspunkt für ÖPNV-Wanderer** Bahnhof Hösel. S-Bahn Düsseldorf – Ratingen Ost – Hösel – Essen.
**Tourenlänge** 20 Kilometer.
**Wegzeit** 5 Stunden.
**Höhenunterschiede** 60 Meter.
**Wegmarkierungen** Bis Wedauer Straße X30, Saarn – Straße Kettwig-Hösel XR, im Wald bis zum Ausgangspunkt X17.
**Wanderkarte** Freizeitkarte 1:50 000, Blatt 13.
**Anmerkung** Das in den Karten eingetragene militärische Sperrgebiet südöstlich von Saarn ist mittlerweile aufgelassen und in eine reizvolle, parkähnliche Erholungslandschaft verwandelt worden.
**Wissenswertes** Zunächst wandern wir durch die Wälder, die sich über die Heide-Terrasse erstrecken, dann erreichen wir das besonders reizvolle Gebiet der Ruhrhöhen. Das *Haus Linnep* ist ein Neubau von 1769 an der Stelle einer alten Ritterburg.

**Tourenbeschreibung** Vom Parkplatz *Am Sondert* aus rechts der Straße 150 Meter folgen und links in den Wald.

Vom Bahnhof aus links über die Gleise, der Straße ansteigend folgen und rechts mit den Markierungen X17+30 in den Wald.

Bald trennen sich die Zeichen: wir gehen links mit X30 auf einen sandigen Weg. An alter Sendeanlage vorbei zur Straße. Diese rechts und wieder links *(Langenkamp).* Links auf Waldlehrpfad. Über einen Bach, durch *Rosenberg,* am freien Feld links. Rechts kommen der auffällige Turm der Breitscheider Kirche und später links das *Haus Linnep* in Sicht. Rechts nach *Breitscheid.* Mit der *Alten Kölner Straße* unter der Autobahn durch und die B 1 links knickend überqueren *(Lintorfer Weg).* Über einen Bach, die nahe Straße überqueren und in den *Tenter Weg.* Dem Waldrand geradeaus folgen und halblinks auf dem *Stockweg* weiter. Rechts auf den Weg *Steinderforst,* über einen Golfplatz in den Wald. Bei Häusern links in die *Wedauer Straße.*

Bei orangenem Pfosten Nr. 138 rechts ab in den *Haselweg,* jetzt ohne Markierung. Im Wald rechts in den Weg *Am Rittersporn* (Markierung A2), nach 200 Metern links. Die Straße

*Mühlenbergheide* kreuzen, am Gasthaus *Jagdgrenze* in den Weg *Fährbaum* (Parkplatz). In Linksbiegung des Teerwegs geradeaus durch hölzerne Sperre. Am Ortsrand von *Mülheim-Saarn* rechts in die Siedlung und links schwenken *(Föhrenkamp)*.

Rechts in Querstraße, jetzt der Markierung XR folgend. Rechts in *Kölner Straße* (B 1) und links in den Weg *Fahrkamp*. Einem Wasserlauf folgend ins Landschaftsschutzgebiet. An Fachwerkhaus links halten und auf dem mittleren Weg (Schranke) in parkähnliche Landschaft. An einer Waldecke zweigt die Markierung nach links. Wir gehen jedoch leicht links haltend geradeaus ohne Weg durch das Wiesengelände auf den jenseitigen Wald-

rand zu, wo wir, wieder mit Markierung, auf einen Teerweg treffen, dem wir nach rechts folgen. Blick auf die Ruhrtalbrücke der Autobahn. Nach einem Gehöft wird der Teerweg links verlassen und es geht durch den Wald, meist an der Hangkante entlang. Bei grüner Bank an Waldecke links und abwärts, unter der Autobahnbrücke hindurch, ins *Ruhrtal.* Rechts nach *Mintard.* Auf der Dorfstraße zunächst geradeaus, dann rechts in *Am Biesternkamp.* Die Landstraße nur kurz berühren, über *Am Stoot,* weitere Straße kreuzen, an rotem Haus vorbei und im Wald ansteigen aus dem Tal. An Gaspumpstation vorbei schließlich im freien Feld zu einer Straße. Rechts und in den nächsten Weg links.

Am Waldrand die Markierung verlassen und rechts auf Schotterweg. Dieser führt bald in den Wald, später begleitet von Markierung X17, zurück zum Ausgangspunkt. Wer von Mülheim aus losgewandert ist, biegt, wenn links ein Hügel mit einem roten Gebäude in Sicht kommt, rechts auf die Markierung X30 ab.

## 3 Vom Sender Langenberg zum Fachwerkort

**Ausgangspunkt für Autowanderer** Parkplätze in Velbert-Nierenhof am Bahnhof sowie am Einkaufsmarkt an der Bonsfelder Straße. Man erreicht Nierenhof direkt von Velbert aus oder über Essen-Kupferdreh oder Hattingen. Weitere Parkmöglichkeit am Gasthaus Huxel an der Straße Richtung Wuppertal im Felderbachtal.
**Ausgangspunkt für ÖPNV-Wanderer** Bahnhof Nierenhof. DB-Strecke Essen – Nierenhof – Langenberg – Wuppertal.
**Rückfahrt** Vom Bahnhof Langenberg zurück nach Nierenhof mit den häufig verkehrenden Zügen oder Bussen.
**Tourenlänge** 10 Kilometer.
**Wegzeit** 2,5 Stunden.
**Höhenunterschiede** 260 Meter.
**Wegmarkierungen** Ab Bahnhof Nierenhof zunächst Raute 8, dann X28, Heierbergsbachtal – Eintritt Felderbachtal H im Kreis, Gasthaus Huxel – Langenberg X17.
**Wanderkarte** Freizeitkarte 1:50 000, Blatt 13.
**Wissenswertes** Die drei Flüsse Deilbach, Heierbergsbach und Felderbach gliedern eine abwechslungsreiche Landschaft, die vom weithin sichtbaren Sendeturm des Westdeutschen Rundfunks beherrscht wird. Das zu Velbert gehörende *Langenberg* (erstmals 1280 erwähnt) bietet mit seinen verwinkelten Gäßchen und verschachtelten Fachwerkhäusern ein besonders reizvolles Ortsbild.

**Tourenbeschreibung** Vom *Bahnhof Nierenhof* aus überqueren wir den *Deilbach* (Markierung Raute 8) und folgen der *Bonsfelder Straße.* Am Busbahnhof links in die *Hattinger Straße.*

Rechts in die *Alte Poststraße,* ab hier jetzt dem X28-Zeichen nach. Gegenüber Haus 9 rechts Stufen hoch, über einen Wendehammer und das Tal aufwärts. Rechts kommt erstmals der *Sender Langenberg* in Sicht. An Haus 43 über ein Privatgrundstück durch eine grüne Pforte. Die X-Markierung leitet weiter das *Heierbergsbachtal* hoch.

Bei einem Wegetreff auf dem unteren Weg weiter, jetzt zusätzlich die Markierung H im Kreis. Es geht abwärts durch Baumpflanzungen, kurz auf der Straße und rechts auf den Weg *Im Eggendahl.* Wir bleiben auf dem geteerten Weg, der aus dem Tal ausbiegt und immer weiter ansteigt.

Am höchsten Punkt am Waldrand werden der Teerweg und somit das X28-Zeichen verlassen. Wir gehen geradeaus, wieder abwärts, weiter mit der H-Markierung. Der Weg fällt in ein schmales Bachtal, und wir kommen an Mauerresten vorbei.

Im *Felderbachtal* gehen wir scharf links (A1, A8, Raute), auf ebenem Weg das Tal aufwärts, bis wir auf einen breiten Teerweg stoßen, dem wir rechts zur Straße folgen.

Ab hier leitet die X17-Markierung bis Langenberg. Die Straße nach links, vorbei am Gasthaus *Huxel,* und rechts in *Felderbachstraße 12 und 14.* Im Wald steil aufwärts. Nahe einer Schutzhütte rechts, ebenso, wenn der Waldrand in Sicht kommt. Unser Weg mündet in einen Teerweg ein, dem wir links weiterfolgen. Wir erreichen eine Straße und folgen ihr nach rechts. An ihrem höchsten Punkt biegen wir an der Waldecke links ab, den Sender jetzt voll im Blick. Immer am Waldrand oder in seiner Nähe bleibend beschreiben wir einen weiten Rechtsbogen und erreichen die ehemalige Langenberger Jugendherberge, jetzt *Hordt-Herberge* für psychisch Kranke. Kurz nach der Herberge links abwärts und durch den Waldhang. Wieder ansteigend eine Straße kreuzen. Ein Stück auf breitem Teerweg und rechts hoch zum *Bismarckturm* (Zugang durch die Gaststätte). Durch eine Schranke, vorbei am Minigolfplatz auf den Naturlehrpfad. Es geht beständig abwärts, mit scharfem Links- und Rechtsknick, nach *Langenberg.* In die Straße scharf links, weiter abwärts.

Beim Ende der Tempo 30-Zone rechts ab ohne Markierung über eine Treppe hinab, unten die Querstraße kreuzend, zum Bahnhof.

## 4 Wuppertal – oben wandern, unten schweben

**Ausgangspunkt für Autowanderer** Großparkplatz zwischen Wuppertal Stadion und Wuppertal Zoo am Boettinger Weg, der über die Sonnborner Straße erreicht wird. Nächste Autobahnanschlüsse: Wuppertal-Cronenberg und Wuppertal-Varresbeck der A 46. Weiterer Ausgangspunkt (siehe Anmerkung): Parkplatz am Schulzentrum Süd (Lavater Weg) im Stadtteil Küllenhahn.
**Ausgangspunkt für ÖPNV-Wanderer** Schwebebahnstation Varresbecker Straße oder S-Bahnstation Zoologischer Garten. Weiterer Ausgangspunkt (siehe Anmerkung): Haltestelle Jung-Stilling-Straße im Stadtteil Küllenhahn, die mit verschiedenen Buslinien ab Elberfeld/Hbf erreicht wird (kein Halt für Express-Busse!).
**Rückfahrt** Ab Alter Markt mit der Schwebebahn oder profaner, aber schneller, ab Bahnhof Barmen mit der S-Bahn.
**Tourenlänge** 13 Kilometer, ab Küllenhahn 9 Kilometer.
**Wegzeit** 3,5 bzw. 2,5 Stunden (ohne Rückfahrt).
**Höhenunterschiede** 280 Meter, ab Küllenhahn 160 Meter.
**Wegmarkierungen** Schwebebahn – Wegetreff bei Schutzhütte X29, von hier bis Toelleturm X7, von unterhalb Toelleturm bis Stadtrand Barmen Doppelstrich.
**Wanderkarte** Freizeitkarte 1:50 000, Blatt 13 oder 19.
**Anmerkung** Wer erst ab Küllenhahn loswandert, erspart sich den Hauptaufstieg aus dem Wuppertal. Rückfahrt mit Schwebebahn oder S-Bahn bis Elberfeld/Hbf und weiter mit Bus wie oben angegeben.
**Wissenswertes** Eine der Hauptsehenswürdigkeiten des Bergischen Landes ist die weltbekannte *Wuppertaler Schwebebahn.*

**Schwebebahn in Wuppertal** (© Medienzentrum Wuppertal, Antje Zeis-Loi)

Das einmalige Verkehrsmittel wurde 1896–1903 errichtet, also noch bevor die Stadt Wuppertal 1929/30 aus verschiedenen Gemeinden entstanden war. Die 13,3 Kilometer lange Schwebebahn führt im Westen von Vohwinkel zunächst 3 Kilometer über die Kaiserstraße und läuft die restliche Strecke über die Wupper bis Oberbarmen. Die vorliegende Tour verbindet eine aussichtsreiche Wanderung auf und über die Höhen südlich von Wuppertal mit einer Schwebebahnfahrt zur Rundstrecke. Die ältesten *Wuppertaler Stadtteile* sind Elberfeld, Barmen und Cronenberg (siehe Tour 12), zu Beyenburg siehe Tour 5. Seiner besonderen Entstehungsgeschichte verdankt Wuppertal, daß es mehrere Stadtzentren hat. Der *Wuppertaler Zoo* besticht vor allem durch seine landschaftliche Lage im Talhang des Wuppertals. Zum *Toelleturm* führte von Barmen aus die erste elektrische Zahnradbahn Europas. Die Bergbahn, wie sie genannt wurde, ist Ende der 50er Jahre stillgelegt worden. Die Wanderung hinab nach Barmen verläuft über die alte Trasse.

**Tourenbeschreibung** Von der Schwebebahnstation geht es mit dem X29-Zeichen vor einem Werksgelände rechts auf die *Tiergartentreppe* und über den Fußgängersteg. Mit weiteren Stufen über die Bahn, rechts und an der abknickenden Vorfahrt links in die *Freyastraße.*

Von der S-Bahnstation links über die *Siegfriedstraße* zur *Freyastraße.* Diese aufwärts und an ihrem Ende links in den *Selmaweg.*

Autowanderer gehen vom Parkplatz aus rechts aufwärts durch die *Hubertusallee,* an Akademie und Zoo-Haupteingang vorbei und kommen, an der Zoomauer bleibend, auf den *Selmaweg.*

Steil hoch, über eine ehemalige Bahntrasse. Am Siedlungsende geradeaus in den Wald. An einem Wegetreff auf dem mittleren Weg weiter. Auf der Höhe erreichen wir nahe einer Schutzhütte einen Teerweg.

Wir biegen links in den Teerweg ein und wechseln somit auf die Markierung X7. Wir passieren einen Rastplatz und biegen rechts ab in den *Köhlweg.* Der aussichtsreiche Weg geht in die *Zeppelinallee* über. Kleingartenanlagen werden passiert, dann geht es wieder durch Wald. Die *Rhönstraße* kreuzend gehen wir auf der *Jung-Stilling-Straße* weiter, die uns, teilweise mit schöner Aussicht über die Stadt vorbei am Schulzentrum Süd nach *Küllenhahn* führt.

Über die *Cronenberger Straße* hinweg kommen wir, weiterhin dem X7 folgend, auf die Straße *Am Friedenshain.* Am Ende der Siedlung geradeaus in den Park, wo wir am *Heinrich-Heine-Stein* vorbeikommen. Aus dem Park herauskommend gehen wir an der Bushaltestelle links abwärts auf die *Jägerhofstraße.* Nach einer Linksbiegung geht es rechts auf die Straße *Am Forsthof* und über eine Querstraße hinweg in den Wald. Wenn wieder Siedlungsbereich mit einem großen Wohnblock erreicht wird, geht es scharf rechts im Hang abwärts zu einer Straße. An ihrem Ende wenden wir uns scharf links und gehen mit Fußgängerunterführung unter der Schnellstraße durch. Wir halten uns links und gehen ein Bachtal abwärts. Bei Tennis-Anlagen gehen wir mit dem zweiten (!) Übergang über den Bach, erreichen einen Teerweg und folgen ihm aufwärts. Bei Haus 77 links über den Bach und im Wald etwas ansteigen. Über einen Querweg geradeaus auf schmalen Weg. An seinem Ende nach rechts und geradeaus auf breiterem Weg an einem eingezäunten Gelände vorbei. Durch Kleingartengelände und wieder durch Wald mit zwei Gedenksteinen. Die *Oberbergische Straße* links haltend überqueren und vorbei an Sportanlage. Kurz steil aufwärts in den Wald und bei Schutzhütte im Rechtsbogen weiter. In Sichtweite von Häusern über einen eingefassten Bachlauf und dahinter rechts weiter. Steil aufwärts zur Straße und diese links knickend kreuzen. Rechts in die *Rudolf-Ziersch-Straße* und an ihrem Ende über die *Wettiner Straße* hinweg in die *Sachsenstraße.* Vorbei am Gasthaus *Zur alten Bergbahn* zum Toelleturm.

Wir verlassen die X7-Markierung und gehen geradeaus am Turm vorbei, die eingeschlagene Richtung beibehaltend. Die *Adolf-Vorwerk-Straße* kreuzend geht es geradeaus abwärts in die

N
Katernberg
AS Katernberg
AS Elberfeld
Loh
Bf. W.-Barmen
Heckling-hausen
Eskes-berg
Nordstadt
Elberfeld
Brill
Wupper
B 7
A 46
Nützen-berg
WUPPERTAL
Kaiser-Friedrich-Höhe
Toelleturm
Südstadt
Lichtenplatz
Schwebebahn-Station
Wupper
Varres-beck
Kiesberg
L 417
Lichtscheid
AK Sonnborner Kreuz
Hochschule
In der Dalster
L 418
Sonnborn
Stadion
Zoo
B 228
Im Honigstal
Baur
Dorn
Haus Waldesruh
Schulzentrum Süd
Huckenbach
0
1 km
Vorm Eichholz
Küllenhahn
Bus
Ronsdorf

*Eisenlohrstraße.* Links knickend die *Lönsstraße* überqueren in den Wald und sofort wieder scharf rechts ab auf breiten, unbefestigten Weg, der abwärts führt. Bei Wegetreff wenige Schritte links und wieder rechts.

Jetzt dem Zeichen waagerechter Doppelstrich nach beständig abwärts zum Stadtrand von *Barmen.* Links haltend über die *Obere Lichtenplatzer Straße* hinweg auf die Straße *An der Bergbahn.* Ohne Markierung auf dieser Straße weiter steil abwärts und links in die *Gewerbeschulstraße.* An Ampelkreuzung wieder rechts auf die Straße *Fischertal* und über die Bahn. Links liegt der Bahnhof (S-Bahn), geradeaus geht es zur Schwebebahn.

# 5 Die obere Wupper und ihre Seitenbäche

**Ausgangspunkt für Autowanderer** Parkplatz an der Umgehungsstraße von Wuppertal-Beyenburg bei der Wupperbrücke oder Parkmöglichkeit innerorts im Bereich der Straße Am Kriegermal / evangelische Kirche. Beyenburg erreicht man von Wuppertal-Oberbarmen, Schwelm und Remscheid-Lennep.
**Ausgangspunkt für ÖPNV-Wanderer** Bushaltestelle Beyenburg Mitte. Linien Wuppertal-Oberbarmen – Beyenburg (– Radevormwald), Remscheid – Lennep – Beyenburg.
**Tourenlänge** 13 Kilometer. **Wegzeit** 3,5 Stunden.

**Beyenburg, Stausee** (© Stadtverwaltung Wuppertal / Karlheinz Jardner)

**Höhenunterschiede** 400 Meter.
**Wegmarkierungen** Bis Hochspannungsleitung hinter Heusiepen W im Kreis, kurz vor Steinhauserberg – Wegetreff hinter Hof Dürholt S im Kreis, von hier Raute bzw. Wappenschild, zuletzt in Beyenburg wieder W im Kreis.
**Wanderkarte** Freizeitkarte 1:50 000, Blatt 14 oder 19.
**Anmerkung** Der Steilabstieg vom *Bilsteiner Kopf* ins Wuppertal sollte bei Glätte nicht passiert werden. Umgehung: Vom Wegetreff an der grünen Bank der Markierung Raute nach auf bequemem Weg ins Wuppertal.
**Wissenswertes** Für das etwas anstrengende Auf und Ab entschädigt die Wanderung auf herrlichen Naturwegen. Das malerisch in einer Wupperschleife liegende, heute zu Wuppertal gehörende *Beyenburg* ist mindestens seit dem 12. Jahrhundert belegt. Zu Füßen der spätgotischen katholischen Kirche liegen zahlreiche Schieferhäuser.

**Tourenbeschreibung** Vom Bushalt *Mitte* aus kurz aufwärts und scharf rechts in Straße *Am Kriegermal,* Markierung W im Kreis. Über die Umgehungsstraße hinweg und das Bahngleis. Vorbei an der evangelischen Kirche und an der abknickenden Vorfahrt kurz rechts und links in *In der Grüne.*

Vom Parkplatz an der Umgehungsstraße bei der Wupperbrücke geht man an der Ampelkreuzung links auf die Straße Richtung Remscheid-Lennep (Markierung Kopfstehendes T), folgt der Serpentine der Straße, überquert die Bahn und geht dahinter rechts in *In der Grüne.*

Wir folgen dem W-Zeichen und verlassen also vor einem gelben Haus den Teerweg, nach links in den Hang aufsteigend. Im Fichtenhochwald schwenken wir links auf Waldfahrweg ein und passieren einen Sportplatz. Bei Haus links auf Teerweg. Zunächst geradeaus an Siedlung vorbei und bei Haus *Sanddornweg 2* rechts in den Wald. Rechts auf Querweg und diesen links auf Pfad verlassen, der einen weiteren Weg kreuzt und abwärts zur *Unteren Herbringhauser Talsperre* führt, oberhalb der es rechts weiter geht. Dann gehen wir links über den Damm. Wir folgen weiter dem W im Kreis und gehen scharf rechts auf Teerweg abwärts und unten links über die Wupper. Bahn und Straße überquerend kommen wir nach *Kemna.* Bei Haus 25 geht es scharf rechts hoch. Wir gehen das Tal hoch ins Landschaftsschutzgebiet, steigen spürbar an und kommen geradeaus an den Häusern von *Heusiepen* vorbei. Wir passieren eine Hochspannungsleitung und gehen geradeaus auf dem Teerweg weiter, wobei die W-Markierung, welche links abzweigt, verlassen wird.

Wir bleiben auf dem Teerweg, bis ein Haus in Sicht kommt. Jetzt biegen wir rechts ab mit der Markierung S im Kreis auf abwärts führenden, ungeteerten Weg. Die S-Zeichen führen mit Serpentinen zu Tal, wo wir uns, ohne den Bach zu überqueren, links halten. Wenn der Weg sich gabelt, auf dem unteren Weg weiter. Wir gehen auf schönem Pfad durch den Hang und passieren eine Quelle. Kurz darauf geht es bei einem kleinen Stauteich rechts ab. Der Weg steigt im Hang an und führt in Waldrandnähe. Hier geradeaus und am Waldrand auf einen Teerweg. Rechts in kreuzenden Teerweg und bei Schieferhaus sofort wieder links. Dann wieder rechts auf unbefestigten, schmalen Weg in den Wald. Wir bleiben in Waldrandnähe und gehen an einem großen Mammutbaum rechts abwärts weiter, vorbei an einem kleinen Fachwerkhaus, auf schmalen Pfad. Bei kleinem Tümpel rechts schwenken und in ein Tal. Dieses Tal mündet in ein Quertal, in das wir wieder links aufwärts gehen. Bei einem kleinen Teich überqueren wir einen Teerweg und biegen sofort rechts ab auf einen Pfad, der die Hangböschung hoch und etwas verwachsen zu einer Straße führt, auf der es links weitergeht. Wir erreichen das ehemalige Gasthaus *Postheide* und biegen hier rechts ab. Der Weg führt im Wald abwärts, an der Gabel in der Talsenke halten wir uns rechts. Durch Wiesen erreichen wir den Hof

*Dürholt* und gehen weiter auf dem Zufahrtsweg bis zu einem Wegetreff an der Waldspitze.

Wir verlassen die S-Markierung und biegen rechts ab auf den linken Weg (Markierung Raute). Vor einem Haus am Feldrand rechts ab auf unbefestigten Weg und abwärts in den Wald. Wir erreichen eine grüne Bank und dahinter einen Wegetreff.

Wir gehen auf dem linken, ebenen Weg weiter (Markierung Wappenschild, Wegweiser Zum Bilsteiner Kopf, Anmerkung beachten!). An Waldecke rechts auf Schotterweg und vor einer Schutzhütte rechts weiter. Nach dem Aussichtspunkt beginnt der Steilabstieg ins Wuppertal. Die *Wupper* wird auf schmalem Steg überquert. Am Haus *Bilstein* vorbei kommen wir nach *Beyenburg.*

An der katholischen Kirche wird die Schild-Markierung verlassen, geradeaus auf der *Beyenburger Freiheit* bleibend. Mit dem W-Zeichen erreichen wir wieder *Am Kriegermal.* Rechts abwärts erreicht man wieder den Bushalt und dahinter rechts den Parkplatz an der Umgehungsstraße.

# 6 Vom Neandertal zur Hildener Heide

**Ausgangspunkt für Autowanderer** Park and Ride-Platz am S-Bahnhof Erkrath-Hochdahl. Nächster Autobahnanschluß am Kreuz Hilden (A 3, A 46). Weitere Parkmöglichkeiten: Im Neandertal (an Wochenenden gebührenpflichtig). Am Gasthaus Am Kellerthor an der Straße Millrath – Haan unweit des Autobahnanschlusses Haan-West (A 46).
**Ausgangspunkt für ÖPNV-Wanderer** Bahnhof Hochdahl. S-Bahn Düsseldorf – Hochdahl – Wuppertal – Hagen.
**Tourenlänge** 15 Kilometer.
**Wegzeit** 4 Stunden.
**Höhenunterschiede** 80 Meter.
**Wegmarkierungen** Bahnhof Hochdahl – Neandertal Raute 4, Neandertal – Hildener Heide X30, Hildener Heide – Ortsrand Sandheide X7.
**Wanderkarte** Freizeitkarte 1:50 000, Blatt 13 und 18.
**Wissenswertes** Diese Wanderung verbindet die reizvollen Naturschutzgebiete *Düsseltal* und *Hildener Heide.* Dazwischen muß allerdings zum Teil bebautes Gebiet durchquert werden. Im *Düsseltal* hat sich der Fluß tief in den umgebenden Kalkstein eingegraben. Es ist besser bekannt als *Neandertal,* benannt nach dem Kirchenlieddichter Joachim Neander (1650–80). 1856 wur-

den hier in einem Kalksteinbruch die Überreste des eiszeitlichen Neandertalers gefunden. Das neugebaute Museum wurde 1996 eingeweiht. Die *Hildener Heide* ist mit der nahegelegenen Solinger Heide Teil der Bergischen Heide-Terrasse. Neben Heideflächen finden sich auch Moor- und Bruchgebiete.

**Im Tal der Düssel** (© Albert Schöndorf)

**Tourenbeschreibung** Von der S-Bahn-Station rechts auf die *Hauptstraße* (Fußweg Neandertal-Museum, Markierung Raute) und links in Straße *Thekhaus.* Wir gehen rechts talabwärts ins Naturschutzgebiet. Im *Neandertal* geht es bei einem weißen Haus rechts auf *Thekhauser Quall.* Zum neuen Neandertal-Museum Abstecher nach links (der Parkplatz ist an Wochenenden gebührenpflichtig).

Wir folgen der Markierung X30 sowie weiterhin der Raute und passieren den alten Museumsbau. Die *Düssel* wird überquert. Wir wandern talaufwärts Richtung Winkelsmühle und schwenken schließlich um ein Anwesen herum. Wir bleiben im Tal und überqueren kurz vor der *Winkelsmühle* wieder den Fluß. Zwischen den Gebäuden durch zum jenseitigen Talhang.

Hier auf den rechten, aufwärts führenden Weg, nur noch mit der X-Markierung. Unter der Bahn durch erreichen wir *Millrath.* Jenseits der Unterführung überqueren wir die Straße, biegen rechts ab und wieder links in die *Stahlenhauser Straße.* Nach der Einmündung der *Lindenstraße* biegen wir, wenn rechts die *Tannenstraße* abzweigt, links auf einen Fußweg. Durch Parkanlage und kurz durch Wald. Durch eine Bachsenke wieder in Siedlungsgebiet. 100 Meter rechts auf eine Querstraße und links in die *Erftstraße.* Geradeaus auf Fußweg und am Siedlungsende links halten. Dann biegen wir nach rechts in den Wald, wobei wir in Waldrandnähe bleiben. Ein kurzes Stück auf unbefestigtem Weg und hinab zur Straße. Dieser entlang folgen unter der Autobahn durch. Die Straße überqueren zum Gasthaus *Am Kellerthor (Korfu),* großer Wanderparkplatz.

Gleich neben dem Gasthaus ins Landschaftsschutzgebiet und links ab, weiter dem X30-Zeichen nach. Durch ein kleines Waldstück und bei Haus 6 rechts ab. Geradeaus in den Wald, vorbei an Schutzhütte, und wenn sich der Weg leicht senkt, links ab. Wir kommen über zwei Wasserläufe hinweg ins Naturschutzgebiet mit typischem Bruchwaldbestand (Erlen und Weiden).

Wir erreichen eine Kreuzung *(Paul-Kenner-Platz)* und biegen rechts ab, von X30 auf X7 übergehend. Wir folgen der sumpfigen

**Der steinerne Neandertaler im Tal der Düssel** (© Albert Schöndorf)

Bachniederung und überqueren den Bach. Über einen Querweg hinweg gehen wir links an einem kleinen See vorbei und an der Waldecke rechts auf Schotterweg. An seinem Ende nach links und gerade durch den Wald, vorbei an Schutzhütte. Wenn der Waldrand wieder erreicht wird, halten wir uns rechts. An weiterem Schutzunterstand geht es links ab, das X-Zeichen kurz verlassend, zur nahen Autobahn und scharf links über die Autobahn hinweg, jetzt wieder mit Markierung. Jenseits der Autobahn geht es geradeaus weiter, zunächst noch unmittelbar am Autobahndamm bleibend. Der Weg wendet sich dann rechts in den Wald. Häuser kommen in Sicht.

Wenn die Markierungen links abbiegen, geht es ohne Markierung geradeaus weiter und auf Holzbrücke über den Bach in die Siedlung *Sandheide.* Geradeaus an Wohnblock vorbei, wenige Schritte rechts *(Immermannstraße)* und links, die erreichte Straße entlang. In der Linkskurve biegen wir rechts ab (Radwegweiser Gruiten/Willbeck), dann links ab in die *Hermann-Hesse-Straße* und geradeaus im Linksbogen in den Wald. Über einen Wasserlauf, dahinter rechts auf breiten Weg. Der Weg biegt nach links und man erreicht eine Querstraße mit rotem Pflaster. Wenige Schritte rechts und links in die Neubausiedlung. Bei einem kleinen Platz halten wir uns links, am Siedlungsende zunächst kurz rechts, dann wenige Schritte links über den Wasserlauf und rechts an ihm weiter. Wir erreichen eine Straße, die wir rechtshaltend überqueren und gehen an Haus 19 vorbei auf den Fuß-/Radweg, der sich etwas von der Straße entfernt. Wenn der Weg wieder an die Straße heranführt, geht es, kurz bevor rechts eine Querstraße abzweigt, links ab in den Wald. Links liegt ein Weiher. Auf dem Schotterweg bleibend steigen wir an. Der Weg läuft neben einer Schlucht her, überquert dann im Linksbogen den Wasserlauf und führt im Hang um ein Anwesen mit Fachwerkhaus herum. Wir steigen weiter im Wald an und halten uns am Waldrand vor einer Villa links. Wir schwenken kurz rechts und dann wieder links, steigen noch etwas an und gehen geradeaus zur Straße hoch. Vor der Straße biegen wir links, um ein Anwesen herum, auf eine Lindenallee. Am Ende einige Stufen hoch zu einer breiten Querstraße und diese kurz links entlang. Vor der Tankstelle rechts ab, die Straße überqueren, auf einen geschotterten Fuß-/Radweg, der an einem eingezäunten Tongrubengelände entlang führt. Vor einer Firmenhalle wendet der Weg sich nach links. Im wieder erreichten Wohngebiet von *Hochdahl* kreuzen wir eine Querstraße, gehen dann vor der Post nach rechts und erreichen somit wieder die S-Bahnstation.

# 7 An der unteren Wupper

**Ausgangspunkt für Autowanderer** Leichlingen wird über die Ausfahrten Opladen oder Solingen der A 3 erreicht. Parkmöglichkeit am Bahnhof (Park and ride-Platz) sowie im Bereich der Straße Am Bücherhof zwischen den Wohnblocks. Weitere Parkmöglichkeit an der Diepental-Talsperre. Diese wird über die B 232 Opladen – Burscheid oder die Landstraße Leichlingen – Hilden erreicht.
**Ausgangspunkt für ÖPNV-Wanderer** Bahnhof Leichlingen. DB-Strecke Köln – Opladen – Leichlingen – Solingen-Ohligs – Wuppertal – Hagen.
**Tourenlänge** 18 Kilometer. **Wegzeit** 4,5 Stunden.
**Höhenunterschiede** 260 Meter.
**Wegmarkierungen** Zunächst X30, Wupperbrücke – Talsperre Diepental L im Kreis, von hier bis Leichlingen X30.
**Wanderkarte** Freizeitkarte 1:50 000, Blatt 18.

**Wissenswertes** Das bereits 973 erstmals erwähnte *Leichlingen* ist Zentrum eines Obstanbaugebiets auf der hier durch Lößbedeckung fruchtbaren Terrasse. Verschiedene Herrensitze künden vom Reichtum dieses Landstrichs, so das *Gut Nesselrath.*

**Tourenbeschreibung** Vom Bahnhof aus gehen wir zwischen Parkplatz und Bushaltestelle zur Landstraße und kreuzen diese. Geradeaus auf die *Weyermannstraße* und an ihrem Ende links ab, der X-Markierung folgend. An einem Gehöft scharf rechts abwärts und das Wuppertal aufwärts. Der Weg verengt sich zum Pfad.

Wir biegen rechts in einen Teerweg ab, wobei wir die X-Markierung verlassen. Auf neu angelegtem Weg um einen kleinen Hügel herum. Ein Stück unmittelbar an der *Wupper* entlang und über freies Feld auf nahen Weiler zu. An der Verzweigung gehen wir im Linksbogen auf dem Hauptweg weiter (Hinweistafel, Markierung N) zum Ortsrand von *Gosse.* Wir folgen der erreichten Straße nach rechts und durchqueren in deren Verlauf den Weiler *Horn.* An der Straßeneinmündung gehen wir rechts mit der Querstraße über die *Wupper.*

Jenseits der Brücke biegen wir links auf einen Fahrweg mit der Markierung L im Kreis. Wir passieren den Gutshof *Nesselrath.* Der Weg führt bei einer Staustufe wieder an die *Wupper* heran. Wir biegen rechts ab und kommen durch Wiesen zum Waldrand, dem wir nach links folgen. Wir erreichen einen Fahrweg, der nach *Leysiefen* führt. Vor Fachwerkhaus biegen wir rechts ab. Geradeaus hoch in den Wald, weiter den L-Zeichen nach, und steiler ansteigen. Am höchsten Punkt aus dem Wald und links auf Fahrweg weiter, an Kreuzung geradeaus. Der Weg verläuft weiter am Waldrand. An seinem Ende links in Querweg, wieder abwärts. Der Weg biegt scharf nach rechts, dann geht es scharf links abwärts auf breiteren Weg. Wir beschreiben eine scharfe Rechtskurve und biegen in der anschließenden Linkskurve rechts ab auf einen unbefestigten Weg, der in ein tief eingeschnittes Seitental führt. An einer Kreuzung geht es nach rechts, ein Nebental hoch (Markierung fehlt). Auf der freien Höhe erreichen wir eine Straße, folgen ihr nach links und biegen dann zweimal rechts ab, wobei wir an einem Gehöft vorbei in eine Talsenke gelangen. Im Wald geht es über den Bach. Der Pfad bleibt zunächst im oberen Hang, führt dann jedoch rechts steil abwärts ins Tal, wo wir auf eine Straße treffen. Mit der Straße durch die Talsohle und jenseits die Straße links verlassen auf parallelen, ansteigenden Fahrweg. Wir durchqueren *Bremersheide* und kreuzen auf der Höhe die Straße. Am Plantagenende biegen wir vor

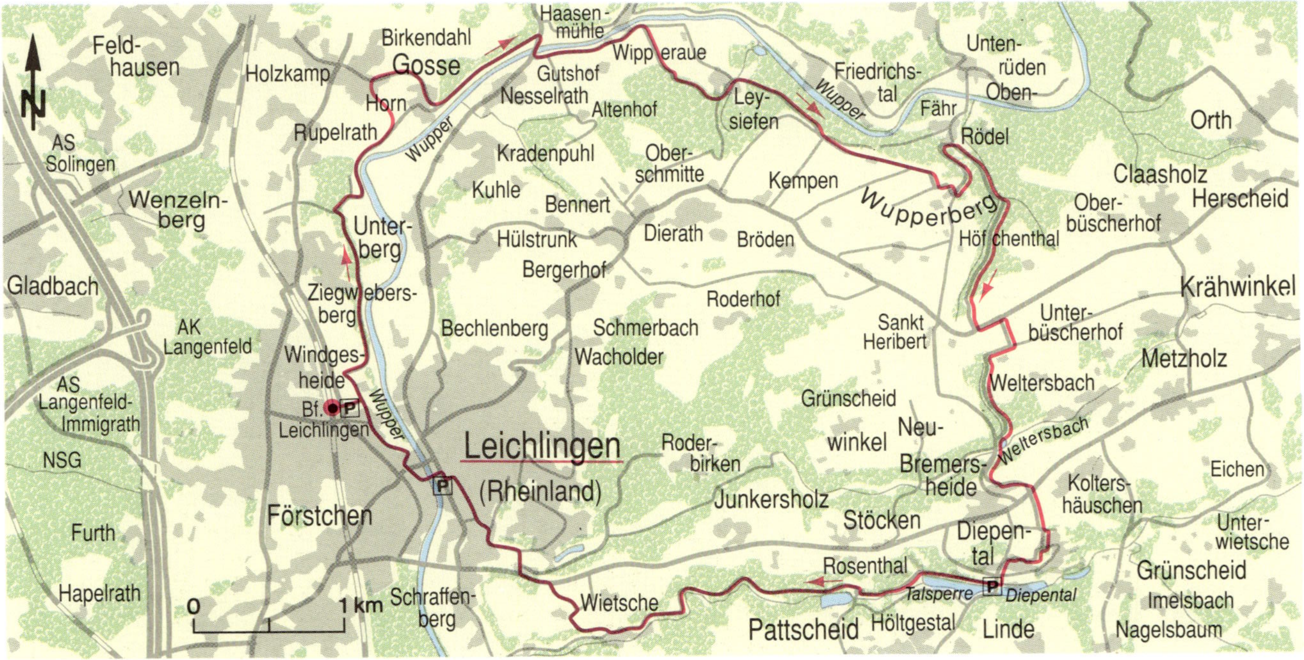

N
Feldhausen
Holzkamp
Birkendahl
Gosse
Haasenmühle
Wipperaue
Gutshof
Nesselrath
Altenhof
Leysiefen
Friedrichstal
Wupper
Untenrüden
Obenrüden
Fähr
Orth
Horn
Rupelrath
AS Solingen
Wenzelnberg
Kradenpuhl
Oberschmitte
Kempen
Rödel
Claasholz
Herscheid
Kuhle
Bennert
Wupperberg
Oberbüscherhof
Unterberg
Hülstrunk
Dierath
Bröden
Höfchenthal
Bergerhof
Gladbach
Ziegwebersberg
Roderhof
Krähwinkel
AK Langenfeld
Bechlenberg
Schmerbach
Sankt Heribert
Unterbüscherhof
Windgesheide
Wacholder
Metzholz
AS Langenfeld-Immigrath
Weltersbach
Bf. Leichlingen
Grünscheid
Leichlingen
(Rheinland)
Roderbirken
winkel
Neu-Bremersheide
NSG
Eichen
Koltershäuschen
Junkersholz
Stöcken
Förstchen
Diepental
Unterwietsche
Furth
Rosenthal
Grünscheid
Talsperre
Diepental
Imelsbach
Hapelrath
Schraffenberg
Wietsche
0
1 km
Pattscheid
Höltgestal
Linde
Nagelsbaum

einem Haus nach links auf schmalen Weg und wieder rechts, um das Haus herum und an Wochenendhäusern vorbei abwärts ins Tal. Wir erreichen Haus *Diepental* und gehen geradeaus hinunter zur Talsperre.

Davor biegen wir rechts ab, die L-Markierung verlassend, und folgen jetzt den X30-Zeichen. Wir gehen die Talsperre entlang und an ihrem Ende geradeaus weiter, am Damm kurz steil abwärts. An einer Gabel halten wir uns rechts und gehen das Tal abwärts bis zur *Wietsche-Mühle.* Bei Fachwerkhaus gehen wir auf dem rechten, oberen Weg weiter. Der Weg steigt aus dem Tal hoch. Auf der Höhe biegen wir vor Gut *Sonne* rechts ab und hinter Haus 1a wieder nach links. Abwärts wird Straße erreicht. Diese nach links und unmittelbar vor der Wegweisertafel rechts ab nach *Leichlingen.* Vorbei an der *Hasensprungmühle* (Tagungszentrum) links in die *Alte Holzer Straße.* Die Straße schwenkt am Hang nach rechts.

Dann die Markierung verlassend im Linksbogen auf der Straße bleiben und rechts ab in eine Einbahnstraße, vorbei am Hallenbad. Ende der Straße *Am Bücherhof* rechts kurz auf die Hauptstraße und vor dem *Groka*-Markt links ab auf Fußgängerbrücke über die *Wupper.* Dahinter rechts in die Fußgängerzone und halblinks über großen Platz. Über Straße hinweg rechtshaltend in *Brückenstraße.*

Vor Haus 14 (rechts weitere Wupperbrücke) halblinks hoch mit Markierung X30. Durch eine Sperre und rechts halten in *Am Staderhof.* Am Ende der Häuser geht es links zurück zum Bahnhof bzw. zur Fortsetzung der Tour geradeaus weiter.

## 8 Drei Täler: Eifgenbach, Dhünn, Linnefe

**Ausgangspunkt für Autowanderer** Dabringhausen wird über die Ausfahrt Burscheid der A 1, von Wermelskirchen oder von Bergisch Gladbach über Odenthal – Altenberg erreicht. Parkmöglichkeiten: Am Bushalt im Bereich Hilgener Straße, am Friedhof oder an der Könenmühle. Weiterer Parkplatz: Schöllerhof an der Landstraße Odenthal – Altenberg – Dabringhausen.
**Ausgangspunkt für ÖPNV-Wanderer** Dabringhausen. Bus Opladen – Burscheid – Hilgen – Dabringhausen, Bus Wermelskirchen – Dabringhausen.
**Tourenlänge** 15 Kilometer. **Wegzeit** 4 Stunden.

**Höhenunterschiede** 180 Meter.
**Wegmarkierungen** Dabringhausen – Rausmühle Kreis, Rausmühle – Wegetreff im Eifgenbachtal vor Schöllerhof Raute 8, ab hier bis Dabringhausen Winkel 8.
**Wanderkarte** Freizeitkarte 1:50 000, Blatt 18 oder 19.
**Anmerkung** Die Täler vieler kleinerer Flüsse des Bergischen Landes liegen abseits der Verkehrswege und sind nur dem Wanderer offen. Das Tal des *Eifgenbachs,* der oberhalb von Altenberg in die Dhünn fließt, ist eins der abwechslungsreichsten und reizvollsten. Auch das *Dhünntal* oberhalb der Mündung des Eifgenbachs und im weiteren das Nebental der *Linnefe* stehen ihm kaum nach. Durch das obere Eifgenbachtal führt Tour 10.

**Tourenbeschreibung** Von der Bushaltestelle links in die *Altenberger Straße.* Vorbei an der Kirche, die ein Schwan statt eines Hahnes schmückt, mit Markierung Kreis. Links in den *Friedhofweg* und über die Umgehungsstraße hinweg. Vor dem Friedhof gehen wir, dem Kreis-Zeichen gemäß, rechts weiter. Am Waldrand wird der Teerweg nach links auf unbefestigten Weg verlassen. Geradeaus durch den Wald hinunter ins *Eifgenbachtal.* Über den Bach, dahinter links zur *Rausmühle.*

Zwischen den Mühlengebäuden beim Gasthaus links halten, jetzt mit der Markierung Raute, nicht mehr mit Kreis. Wir erreichen eine Straße, folgen ihr geradeaus leicht ansteigend und verlassen sie wieder nach links. Wir wandern das *Eifgenbachtal* abwärts, bis wir die *Markusmühle* erreichen, wo wir links haltend die Straße zu den Mühlengebäuden überqueren. Über einen Seitenbach hinweg halten wir uns rechts und kommen dann wieder zum *Eifgenbach* hinunter, der überquert wird. Wir folgen weiter auf abwechslungsreichem Weg den Windungen des Tals, wobei der Bach noch zweimal überquert wird. Wir passieren ein Naturdenkmal (Eiben) und müssen dann steil über einen Hangsporn. Wir folgen weiterhin der Raute. Der Weg senkt sich allmählich wieder zum *Eifgenbach.* Es wird ein Punkt erreicht, an dem von rechts zwei Seitenbäche zufließen. Rechts befindet sich ein Unterstand.

Wir gehen zunächst auf einem Steg über den zweiten Seitenbach und dann, die Rauten-Markierung verlassend, auf der Brücke über den Fluß, jetzt dem Zeichen Winkel 8 (sowie A4+8) folgend. Wir gehen zur nahen Straße und folgen ihr rechts bis zum Parkplatz *Schöllerhof,* vor dem wir links abbiegen. Wir befinden uns jetzt im *Dhünntal.* Wir überqueren den Fluß und halten uns dahinter links. Wir gehen das Tal aufwärts und passieren dabei das einsame Forsthaus *Aue.* Bei einem Unterstand

gehen wir erneut über den Fluß und gleich hinter der Brücke rechts weiter. Oberhalb im Hang liegt das *Haus Haniel.* Bei einer Rastbank – geradeaus sieht man einen Torbogen – geht es nach links auf einen ansteigenden Weg, weiter dem Winkel nach. Wir gehen jetzt in das *Linnefetal.* Der Weg steigt im Hang an, und wir erreichen einen Unterstand. Es geht rechts steil abwärts wieder hinunter ins Tal. Über einen Seitenbach und im Hang wieder etwas hoch. Es geht weiter den Winkel-Zeichen nach das Tal aufwärts, wobei eine Kläranlage passiert wird. Schließlich über einen Parkplatz zur Straße und diese nach links, vorbei an der *Koenenmühle.* Wir biegen vor dem Parkplatz rechts ab und kommen aus dem Tal hoch nach *Dabringhausen.*

In der Siedlung erreichen wir eine Straße, in die wir, die Markierung verlassend, links einbiegen. Die Straße führt leicht abwärts und trifft wieder auf die Landstraße, auf der wir dann aufwärts zur Kreuzung an der Bushaltestelle zurückkommen.

# 9 Vom Schloß Burg zur Sengbachtalsperre

**Ausgangspunkt für Autowanderer** Solingen-Burg liegt im Wuppertal und wird von Solingen, Remscheid oder Wermelskirchen erreicht. Parkmöglichkeit in Unterburg. In Oberburg ist Parken nicht zu empfehlen (eingeschränkter Parkraum, gebührenpflichtig). Weitere Parkplätze: Glüder im Wuppertal an der Kreisstraße Solingen – Balkhausen – Witzhelden. Parkplatz Stadtwald an der Landstraße Solingen – Burg.
**Ausgangspunkt für ÖPNV-Wanderer** Solingen-Burg. O-Bus Wuppertal-Vohwinkel – Solingen, Graf-Wilhelm-Platz (Anschluß von Solingen-Ohligs und Solingen Hbf) – Stadtwald – Unterburg. Bus Remscheid – Unterburg und Wermelskirchen – Oberburg – Unterburg. Wer mit dem letztgenannten Bus anreist, kann in Oberburg am Schloß aussteigen und erspart sich die Fahrt mit der Seilbahn von Unterburg.
**Tourenlänge** 13 Kilometer. **Wegzeit** 3,5 Stunden.
**Höhenunterschiede** 260 Meter (mit Seilbahnbenutzung), bei direkter Wanderung von Unterburg nach Höhrath 320 Meter.
**Wegmarkierungen** Oberburg – Höhrath X19, Höhrath – Glüder S im Kreis (Klingenpfad), bis Autobahnviadukt zugleich X29, Glüder – Straße Solingen – Burg N, von hier bis Unterburg X29.
**Wanderkarte** Freizeitkarte 1:50 000, Blatt 18 oder 19.

**An der Seilbahn von Schloß Burg** (© Günter R. E. Richter)

**Anmerkung** Falls Schloß Burg geschlossen ist, und die Seilbahn nicht verkehrt, wandert man wie folgt direkt von Unterburg nach Höhrath: Vom O-Bus aus zunächst über die *Wupper,* mit Markierung X29 hinter der Brücke rechts und links am Cafe *Holthaus* vorbei in den alten Ortskern. Hier Richtung Höhrath und auf dem *Waldemar-Specht-Weg* durch den Felshang an der *Wupper.* Der Pfad gabelt sich im Hang, wir biegen links in ein Seitental, wo wir auf dem unteren Pfad weitergehen. Neben dem Bach geradeaus aufwärts, beim Zusammenfluß zweier Bäche auf dem rechten Weg. Steil hoch nach *Höhrath.* Kurz rechts auf der Straße (X19 wird nicht beachtet) und neben der Busschleife scharf links. Zunächst am Waldrand, schwenkt der Fahrweg rechts in den Wald ein. Weiter auf der Haupttour wie unten beschrieben.

**Wissenswertes** *Schloß Burg* an einer Schleife der hier tief eingeschnittenen Wupper ist eines der beliebtesten Ausflugsziele im Bergischen Land. Gleichwohl hat sich in der heute bestehenden Anlage nur sehr wenig Mittelalterliches erhalten. Die 1118 gegründete Burg, in der sich später die Herren von Berg ohnehin nur selten aufhielten, da sie seit 1380 in Düsseldorf residierten, wurde 1648 zerstört. Ende des 19. Jahrhunderts wurde die Anlage in ihrer heutigen Form erstellt und beherbergt heute das Bergische Museum. Sie wird auch für Ausstellungen und Konzerte genutzt. In *Unterburg* am Ende der O-Busstrecke neben der Wupperbrücke können technisch interessierte Wanderer beobachten, wie ein O-Bus auf einer Drehscheibe gewendet wird. Die *Sengbachtalsperre* ist im tief eingeschnittenen Waldtal gelegen eine der landschaftlich reizvollsten des Bergischen Landes. Unsere Wanderung führt uns durch den Waldhang hoch oberhalb der Talsperre über den *Klingenpfad* (siehe Tour 11).

**Tourenbeschreibung** Zunächst fährt man mit der Seilbahn von *Unterburg* (Parkmöglichkeit jenseits der *Wupper*) aufwärts nach *Oberburg,* hält sich von der Bergstation rechts (Markierung Doppelwinkel) und geht durch die Schloßanlage.

Vor Erreichen der Straße gehen wir rechts ab, über den Parkplatz hinweg, auf den Fußweg nach Höhrath mit Markierung X19. Steil durch einen Taleinschnitt und oberhalb eines Ehrenmals. Wir erreichen *Höhrath* (die Markierung S im Kreis ist zuvor dazugestoßen) und gehen auf der Straße rechts in den Ort.

An der Haltestelle *Angerscheid* biegen wir links ab, jetzt nur noch mit dem Zeichen S im Kreis. Der Weg schwenkt nach rechts und erreicht den Waldrand, wo wir links auf einem Fahrweg weitergehen (die X29-Markierung läuft ein Stück bis zur

Autobahn mit). Mit weiten Windungen geht es durch zwei Zuflußtäler der *Sengbachtalsperre.* Schließlich ein drittes Zuflußtal aufwärts bis zu einem Unterstand vor dem Autobahnviadukt. Davor geht es an der Gabel auf dem rechten Weg weiter, jetzt nur noch mit dem S-Zeichen, über den Bach hinweg. Dann stärker ansteigen im Hang eines kleinen Seitentals. Am Waldrand biegen wir rechts ab und wandern durch den Hang hoch oberhalb der Talsperre, wobei mehrere Seitentaleinschnitte durchrundet werden. Schließlich sieht man unterhalb die Staumauer der Talsperre. Wir bleiben auf dem Hangweg, wobei wir die S-Markierung, die hinunter zum Damm führt, kurz verlassen. Bei einem Unterstand gehen wir geradeaus weiter und links schwenkend abwärts. An einer Einmündung geradeaus weiter, jetzt wieder mit dem S-Zeichen. Der Weg schwenkt in ein Tal ein und wendet sich rechts zur Straße. In dieser Rechtsbiegung gehen wir scharf rechts ab (Wegweiser Glüder), abwärts ins Tal. Es geht zweimal über den Bach, vor der *Wupper* links zur Straße hoch und rechts mit der Straße über die *Wupper* nach *Glüder.*

Wir verlassen die S-Markierung und gehen nach rechts über den großen Parkplatz zur rechten, hinteren Parkplatzecke, wo wir zunächst wenige Schritte rechts und dann halblinks in den Wald gehen, Markierung N. Der Weg führt unmittelbar an die

*Wupper,* steigt dann im Hang an und fällt wieder kurz steil ab. Mit den N-Zeichen über den Seitenbach. Dahinter gehen wir links auf den *Willi-Lohbach-Weg* (Erdgeschichtlicher Rundweg), der rechts des Baches ansteigt. An Einmündung geradeaus hoch. Bei der *Petersmühle* biegen wir scharf rechts auf einen im Hang verlaufenden Teerweg und folgen der Teerwegserpentine nach links (grünes N mit rotem Pfeil), wobei der Lehrpfad verlassen wird. Wir biegen in den nächsten Weg scharf rechts ein, gehen dann halbrechts weiter und biegen schließlich rechts zum *Löns-Denkmal* ab. An dem Denkmal vorbei erreichen wir einen weiteren Wegweiserstein.

Die N-Markierung, die hier links zur Straße abzweigt, wird jetzt verlassen und es geht ohne Markierung geradeaus weiter. Am Ende links in Querweg und zur Straße. Hier O-Bus-Haltestelle *Stadtwald* (Rückfahrmöglichkeit).

Wir folgen der Straße ein Stück nach rechts mit Markierung X29. Wir biegen links ab und gehen über einen Parkplatz, dem Fußweg nach Unterburg folgend. Schließlich geht es durch einen Einschnitt auf die andere Seite des Bergsporns und steil hinab nach *Unterburg.*

# 10 Südlich und westlich von Wermelskirchen

**Ausgangspunkt für Autowanderer** Wermelskirchen wird über die gleichnamige Anschlußstelle der A 1 erreicht. Beste Parkmöglichkeit im Bereich des Krankenhauses / Rotkreuzstraße.

**Ausgangspunkt für ÖPNV-Wanderer** Wermelskirchen, Haltestelle Eich. Bus Köln – Leverkusen-Schlebusch – Hilgen – Unterstraße – Wermelskirchen – Remscheid (VRS) und Remscheid – Wermelskirchen (VRR).

**Tourenlänge** 17 Kilometer, bis Unterstraße 8 Kilometer.

**Wegzeit** 4,5 bzw. 2 Stunden.

**Höhenunterschiede** 340 Meter, bis Unterstraße 80 Meter.

**Wegmarkierungen** Bis ins Eifgenbachtal Quadrat, im Eifgenbachtal Raute 8, Löh – hinter Pohlhausen Kreis, vor Autobahnviadukt – Eich Quadrat.

**Wanderkarte** Freizeitkarte 1:50 000, Blatt 18 oder 19.

**Anmerkung** Wer nur eine kurze und bis auf den Aufstieg vor Löh bequeme Wanderung durch das obere Eifgenbachtal machen will, wandert nur bis Unterstraße (B 51) und fährt von hier mit dem Bus zurück.

Diese Wanderung zerfällt in zwei recht unterschiedliche Teilstrecken. Zunächst gehen wir durch das liebliche obere Eifgenbachtal (siehe auch Tour 8). Dann wenden wir uns nördlich auf sehr abwechslungsreichen Wegen auf und ab über die Wasserläufe, die Sengbach und Eschbach zufließen.

**Tourenbeschreibung** Von der Bushaltestelle *Eich* an der B 51 gehen wir auf die Straße Richtung Dabringhausen, Markierung Quadrat. Nach einer Fabrik geht es links abwärts und auf der *Königstraße* Richtung Krankenhaus. Wir biegen rechts in die *Rotkreuzstraße* und gehen in der Linksbiegung geradeaus zwischen den Parkplätzen durch (Ausgangspunkt für Autowanderer). Am Siedlungsrand talwärts und auf die andere Talseite schwenken. Wir erreichen das *Eifgenbachtal.*

Wir überqueren den Bach und gehen dahinter rechts auf den Talweg, Markierung Raute. Das Tal abwärts kommen wir an einer Kläranlage vorbei. Bei einem Anwesen wechseln wir auf die andere Bachseite und gehen weiter durch das Tal. Wir erreichen bei *Finkenholl* eine Straße, folgen ihr kurz nach rechts und biegen beim Gasthaus wieder links ab. Weiter unterhalb im Tal passieren wir ein Haus und erreichen wieder eine Straße, der wir links folgen. Auf der Straße passieren wir das Gasthaus *Neue Mühle* und biegen vor der Brücke rechts ab. Rechts zum Hang schwenken und links halten (Waldlehrpfad), weiter das Tal abwärts. Von der Einrichtung eines Waldlehrpfades ist nichts zu sehen. Der Weg schwenkt durch einen Seitentaleinschnitt. Schließlich erreichen wir einen Unterstand, an dem wir einen Seitenbach überqueren.

50 Meter weiter werden Fichten erreicht. Wir verlassen jetzt den Talweg und somit die Rauten-Zeichen und biegen ohne Markierung rechts ab auf den linken der beiden rechts abzweigenden Wege, der im Hang unter den Fichten steil ansteigt. Wir überqueren eine kleine Lichtung, die durch einen Brand entstanden ist. Wenn der Weg sich gabelt, links weiter. Im rechten Hang einer kleinen Schlucht aufwärts. Kurz unterhalb des Waldrandes knickt der Pfad nach rechts und führt am Waldrand weiter. Bei einem grünen Pfahl biegen wir links ab, den Waldrand verlassend, und gehen durch Wiesen zu den nahen Häusern von *Löh.*

In *Löh* biegen wir auf der Straße nach rechts, Markierung Kreis. Über die Einkerbung einer ehemaligen Bahnstrecke und nach *Unterstraße* zur B 51 (Rückfahrtmöglichkeit).

Geradeaus über die Bundesstraße hinweg folgen wir weiter dem Kreis. Der Weg führt durch Wald abwärts in eine Talsenke und wieder hoch nach *Ellinghausen.* Vor Haus 26 links und gleich

wieder rechts (Haus 61–85). Der Weg führt an die Autobahn heran, davor rechts abwärts und unter der Autobahn hindurch. Dahinter gehen wir im Rechtsbogen auf dem linken Weg weiter. Der Weg fällt zu einer Kreuzung, an der es rechts weitergeht. Schließlich geht es über den *Sengbach* und dahinter steil hoch nach *Oberwinkelhausen.* Vor großem Hofgebäude rechts und sofort wieder links. 20 Meter nach Straßenknick biegen wir vor Haus 38 rechts ab. Wieder durch eine Bachsenke kommen wir nach *Stolzenberg.* Hier rechts auf der Straße ansteigend nach *Büschhausen.* Links ab nach *Neuenflügel.* Über die Landstraße hinweg in den Weg *Am Bremsenfeld* und nach *Sellscheid.* Links auf die Querstraße und sofort wieder scharf rechts. Wenn die Straße links hinunter ins Tal führt, gehen wir halbrechts gegen eine Einbahnstraße. Hinter Haus 86 links, vorbei an Blechgarage und Haus 78. Vor einem Haus mit Eternitverkleidung (Nr. 80) links auf Fußpfad. Durch ein Gatter in den Wald. Durch eine Bachsenke, jenseits ohne festen Weg steil aufwärts und durch prächtige Ilex-Bestände nach *Pohlhausen.* Wir biegen links in die Straße und rechts ab auf den *Simonweg.* In der Siedlung passieren wir einen Wendeplatz, gehen 10 Meter links und sofort wieder rechts zum Wald hoch. Bei Weidekoppeln biegen wir scharf links wieder in den Wald. Der Weg bleibt im Wald in Siedlungsnähe und führt dann unter Hochspannungsleitung durch, links liegt ein Sportplatz.

Wir bleiben noch 50 Meter auf dem Waldfahrweg und biegen dann halbrechts auf einen schmäleren Weg ab, die Kreis-Markierung jetzt verlassend. Der Weg führt hinab durch Fichtenhochwald ins Tal. Unten kreuzen wir bei einer Sitzbank einen Querweg und gehen hinunter zum Bach, jetzt der Markierung Quadrat folgend. Wir überqueren den Bach, halten uns rechts und gehen unter dem Autobahnviadukt durch. Wir bleiben diesseits des Baches, weiter dem Quadrat folgend, und gehen das Tal aufwärts. Am Zusammenfluß zweier Bäche überqueren wir den rechten und folgen dem linken weiter aufwärts. In Siedlungsnähe wendet sich der Weg kurz links über den Bach, dahinter geht es rechts ab. Der Weg steigt nach *Wermelskirchen* an, das durch eine ehemalige Eisenbahnunterführung erreicht wird. Man gelangt wieder zur B 51 an den Ausgangspunkt.

## 11 Oberhalb der Wupper zur Müngstener Brücke

**Ausgangspunkt für Autowanderer** Wanderparkplatz im Wuppertal bei der Mündung des Morsbachs. Der Parkplatz liegt an der von Wuppertal-Sonnborn (A 46) – Solingen-Kohlfurt Richtung Remscheid führenden Straße kurz vor deren Einmündung in die B 229 Solingen – Remscheid. Weitere Ausgangsmöglichkeit: Solingen-Burg siehe Tour 9.
**Ausgangspunkt für ÖPNV-Wanderer** Bahnhof Solingen-Schaberg. DB-Strecke Solingen-Ohligs – Solingen Hbf – Remscheid Hbf – Remscheid-Lennep – Wuppertal. Weitere Ausgangsmöglichkeit: Solingen-Burg siehe Tour 9.
**Tourenlänge** 9 Kilometer. **Wegzeit** 2,5 Stunden.

**Die Müngstener Brücke, Europas höchste Eisenbahnbrücke** (© Albert Schöndorf)

**Höhenunterschiede** 200 Meter.
**Wegmarkierungen** Bahnhof Schaberg – jenseitiger Wuppertalhang S im Kreis (Klingenpfad), bis vor Gasthaus Wiesenkotten zusätzlich X29, weiter bis hinter Diederichstempel R im Kreis, aus dem Wuppertal aufwärts X29.
**Wanderkarte** Freizeitkarte 1:50 000, Blatt 18 oder 19.
**Wissenswertes** Die 1894–97 errichtete *Müngstener Brücke* ist mit 107 Metern die höchste Eisenbahnbrücke Europas. Sie überspannt das hier tief eingeschnittene Wuppertal, durch dessen beidseitigen Talhänge unsere Wanderung führt. Dabei benutzen wir zum Teil den *Klingenpfad.* Der heute 75 Kilometer lange Rundweg um Solingen wurde 1933–35 von Erwerbslosen geschaffen. *Schloß Burg* siehe Tour 9.

**Tourenbeschreibung** Vom Bahnhof *Schaberg* aus gehen wir rechts mit den Markierungen S im Kreis *(Klingenpfad)* und X29. Im Hang neben der Bahn abwärts und scharf rechts unter die *Müngstener Brücke.* Gleich dahinter gehen wir auf dem rechten, oberen Weg weiter. Der Weg windet sich durch den oberen Hang des *Wuppertals,* führt am Gedenkstein zur Errichtung des *Klingenpfades* vorbei und einem Aussichtspavillon. Weiter durch den Hang fällt der Weg schließlich zu einem breiteren Weg, auf dem es rechts weitergeht. Dieser Weg durchschwenkt zwei Taleinschnitte. In der Rechtsbiegung nach dem zweiten Einschnitt wird der Weg links abwärts auf einen etwas eingeschnittenen Weg verlassen. Wir kommen durch Felsen ins *Wuppertal* hinunter.

Nach Überqueren eines Seitenbachs gehen wir geradeaus weiter, nur noch mit dem S-Zeichen (nicht mehr X29-Markierung) und erreichen das Gasthaus *Wiesenkotten.* Dahinter überqueren wir die *Wupper* und gehen am linken Ufer weiter wupperabwärts Richtung Unterburg. Wir passieren das Haus *Waldfrieden* und biegen, wenn das nächste Haus in Sicht kommt, scharf links ab, weiter der S-Markierung nach, auf einen ungeteerten Weg, der im Hang ansteigt.

Wer von *Unterburg* aus loswandert, verläßt den Ort auf der *Müngstener Straße* (Markierung kopfstehendes V) und biegt hinter Haus 34 auf den beschrieben Hangweg rechts ab.

Der Weg steigt neben einem Seitenbach stärker an und trifft auf einen breiteren, im Hang verlaufenden Weg. Wir verlassen jetzt die S-Markierung und biegen auf den erreichten Weg links ein, Markierung R im Kreis. Wir bleiben mit dieser Markierung im oberen Wuppertalhang (ein zwischendurch auftauchendes R ohne Kreis wird nicht beachtet) und erreichen wieder die *Müngstener Brücke.* Davor halten wir uns rechts und gehen wieder

unter der Brücke durch und dann oberhalb des *Diederichstempels* vorbei. Es geht im Linksbogen durch einen Taleinschnitt.

Danach verlassen wir den Hangweg und somit die R-Markierung in einer Rechtsbiegung und gehen links auf einen schmäleren Weg abwärts, Markierung kopfstehendes V. Wir kommen hinunter zur B 229, die wir 50 Meter berühren, gehen genau gegenüber der Richtung Wuppertal abbiegenden Straße links auf einen Pflasterweg (V-Zeichen) und geradeaus über die *Wupper,* wo wir auf X-Zeichen treffen.

Autowanderer gehen vom eingangs beschriebenen Parkplatz gegenüber der Richtung Ronsdorf abzweigenden Straße über den *Morsbach,* den X-Zeichen nach vor der Einmündung in die B 229 rechts hinunter auf den Fußweg Richtung Müngsten unter der Bundesstraße durch und scharf rechts über die *Wupper.*

Über eine Querstraße und den X29-Zeichen nach im Waldhang auf Serpentinenpfad aufwärts. In der letzten Serpentine verlassen wir die X-Markierung wieder und gehen kurz auf einem Trampelpfad zu einem breiteren Hangweg, der wieder zur *Müngstener Brücke* führt.

Autowanderer ab dem Wuppertal bzw. Wanderer ab Burg gehen geradeaus weiter, unter der Brücke durch, den Markierungen S im Kreis und X29 nach, wie oben beschrieben.

Wanderer zum Bahnhof Schaberg halten sich vor der Brücke rechts und gehen ein Stück über den Hinweg aufwärts zum Bahnhof.

## 12 Zwischen Wuppertal und Solingen zur Bergischen Museumsbahn

**Ausgangspunkt für Autowanderer** Wuppertal-Cronenberg. Parkmöglichkeit in der Pflegeheimstraße, die von der Richtung Sudberg führenden Berghauser Straße abzweigt. Weiterer Parkplatz im Morsbachtal beim Gasthaus Zur Wildschützaue.
**Ausgangspunkt für ÖPNV-Wanderer** Wuppertal-Cronenberg, Rathaus. Express-Busse Wuppertal-Elberfeld/Hbf – Cronenberg – Solingen / Sudberg.
**Tourenlänge** 12 bzw. 10 Kilometer. **Wegzeit** 3 Stunden.
**Höhenunterschiede** 220 Meter, mit Museumsbahnbenutzung 140 Meter.
**Wegmarkierungen** Cronenberg – Sudberg X29, hinter Sudberg – Manuelskotten W im Kreis, Friedrichshammer – Cronenberg W ohne Kreis.
**Wanderkarte** Freizeitkarte 1:50 000, Blatt 18 oder 19.
**Anmerkung** Wer ein Stück die Bergische Museumsbahn zwischen den Haltepunkten Unterkohlfurth und Kaltenbachtal benutzt, erspart sich 2 Kilometer hauptsächlich Aufstieg.
**Wissenswertes** *Cronenberg* gehört zu den ältesten Wuppertaler Stadtteilen. Im Ortskern finden wir noch viele Schieferhäuser. Die schmalspurige *Bergische Museumsbahn* ist ein Teil der 1969 stillgelegten Straßenbahnlinie zwischen Wuppertal und Solingen. Seit 1992 ist ein Museumsbetrieb mit historischen Wagen eingerichtet (Mitte Mai bis Mitte Oktober an bestimmten Tagen, Auskunft samstags 11–17 Uhr unter 02 02/47 02 51. Fahrpläne auch in den Verbundplänen von Solingen und Wuppertal).

**Tourenbeschreibung** Von der Haltestelle Rathaus aus geht es links abwärts auf die *Rathausstraße* Richtung Bezirk Sudberg, Markierung X, und geradeaus auf der *Berghauser Straße* weiter. Links ab in die *Bücherhofer Straße.* Diese biegt nach rechts und weiter auf der *Eichstraße.* An ihrem Ende links abwärts in die *Pflegeheimstraße* (hier Parkmöglichkeit, Ausgangspunkt für Autowanderer). Am Ende der Straße links halten auf Schotterweg. Steil abwärts in ein Tal und über den Bach rechts talwärts. Über einen Seitenbach und später auf die andere Talseite. Bei kleinem Fachwerkhaus geradeaus abwärts auf einen Teerweg. Vor Erreichen der Straße (geradeaus Gasthaus *Zur Wildschützaue,* Parkplatz) rechts ab auf den am unteren Hang verlaufenden Weg. Ansteigend erreichen wir einen Teerweg, auf dem es abwärts durch den Weiler *Berg* geht. Wenn der Weg sich links zum *Pranger Kotten* wendet, geht es geradeaus weiter am Hang bleibend. Wir überqueren einen Seitenbach und gehen dahinter links sehr steil die Böschung hoch. Unmittelbar bei einer Hauseinfahrt geht es mit den X29-Zeichen rechts hoch, teilweise sehr steil durch den Hang zum Waldrand aufwärts, wo wir uns links halten und in Waldrandnähe bleiben. Wir kommen zu einem Teerweg, auf dem wir rechts Wuppertaler Gebiet erreichen.

In *Hintersudberg* verlassen wir an der Hausnummerntafel die X29-Markierung und biegen nach rechts. Bitte genau die Beschreibung beachten, der Weg ist schwierig zu verfolgen, bis wieder Markierungen erreicht werden. Bei Haus 98 halblinks auf einen gekiesten Weg (die W-Zeichen nicht beachten), an Haus 96 vorbei und links schwenken. Vor Haus 90 schwenken wir rechts und sofort wieder links. Der schmale Fußweg führt zwischen den Grundstücken durch. Wenn der Weg sich verbreitert (Haus 27), geradeaus auf einen Privatweg. Am Haus 35 gehen wir geradeaus auf einen unbefestigten Fußweg. Am Drahtzaun an einer Fichtenpflanzung knicken wir zunächst links, dann rechts und kommen durch eine Einkerbung. Der Pfad verläuft in Waldrandnähe und führt einmal kurz unmittelbar an den Waldrand heran. Wenn wir den Waldrand ein weiteres Mal erreichen, gehen wir wenige Meter links und rechts in die Wiesen, wo wir links schwenken.

Wir erreichen den jenseitigen Waldrand, gehen geradeaus in den Wald und schwenken rechts auf einen Hangweg ein, der Markierung W im Kreis folgend. Nach Waldaustritt links in Teerweg. Der Weg schwenkt nach rechts und führt zwischen zwei Häusern hindurch. An einem weiteren Haus vorbei steil hoch, unmittelbar danach scharf links ab und durch den Hang oberhalb des Hauses. Bei Hochspannungsmast im Linksbogen durch einen Seiteneinschnitt. Wir steigen im scharfen Rechtsbogen zur Hangkante hoch und gehen ein Stück unmittelbar daran entlang oberhalb der Wupperschleife. Links in breiteren Weg einschwenken und durch ein Seitental. Bei einem Aussichtspunkt gehen wir auf dem rechten, oberen Weg weiter. Der Weg kurvt auf und ab durch den Hang und mündet schließlich in eine Straße, auf der es rechts aufwärts weitergeht. Links in die Straße *Schwafert.* Unmittelbar neben einem Haus durch einen Taleinschnitt. Am Ende eines Teerwegs halten wir uns links und gehen im Wald abwärts. Wir erreichen *Unterkohlfurth* und biegen bei einem grauen Haus rechts ab. Wir halten uns rechts, weiter abwärts gehend. Wer, wenn diese verkehrt, ein Stück mit der *Bergischen Museumsbahn* fahren will, erreicht über den Teerweg den Haltepunkt *Unterkohlfurth.* Man fährt dann aufwärts bis zum Haltepunkt *Kaltenbachtal.* Wer durchgehend wandert, biegt, weiter den W-Zeichen nach, rechts in den Wald ab. Wir überqueren das Museumsbahngleis am Haltepunkt *Petrikshammer* und erreichen den *Manuelskotten.* Neben dem Gebäude auf dem Damm durch das Tal.

Wir verlassen jetzt die W im Kreis-Markierung und gehen scharf rechts hoch, ohne Markierung das Tal aufwärts und kom-

men an Teichen vorbei. An der Informationstafel *Friedrichshammer* weiter das Tal hoch, jetzt mit Markierung W (ohne Kreis). Steil aufwärts zum Haltepunkt *Friedrichshammer* und über das Gleis im Talhang weiter. Der Weg führt aufwärts wieder zum Gleis hoch, dann geht es ein Stück unmittelbar am Gleiskörper entlang und wieder rechts. Wir erreichen wieder das Gleis am Haltepunkt *Kaltenbachtal.* Links biegend abermals über das Gleis und steil aufwärts den W-Zeichen nach in den Wald. Kurz vor Erreichen des Waldrandes halten wir uns links und gehen weiter aufwärts, schließlich durch Wiesen, wieder nach *Cronenberg.* Wir treffen auf die Straße *Unterkirchen.*

ÖPNV-Wanderer zum Rathaus gehen sofort links aufwärts, weiter den W-Zeichen nach, und am Ende des Wegs rechts, an der Kirche vorbei wieder ins Zentrum zur Haltestelle.

Autowanderer (Pflegeheimstraße, Morsbachtal) gehen ohne Markierung rechts auf die Straße *Unterkirchen* und bei der Tankstelle rechts in die *Berghauser Straße,* Markierung X, und weiter wie oben beschrieben.

## 13 Die untere Dhünn: beiderseits des Flusses

**Ausgangspunkt für Autowanderer** Odenthal, Großparkplatz am Schulzentrum, Bergisch Gladbacher Straße. Odenthal wird von Leverkusen oder Bergisch Gladbach erreicht. Ein weiterer Parkplatz befindet sich im Ortsteil Glöbusch an der Straße Zum Hahnenberg.

**Ausgangspunkt für ÖPNV-Wanderer** Leverkusen-Schlebusch, Endstation der Straßenbahn von Köln. Bergisch Gladbach-Schildgen, Haltestellen Broicher Feld bzw. Odenthaler Markweg. Odenthal, Haltestelle Rathaus. Buslinien Köln–Mülheim – Schildgen – Odenthal – Altenberg/Bergisch Gladbach, Bergisch Gladbach – Schildgen – Leverkusen, Bergisch Gladbach – Odenthal – Altenberg/ Burscheid.

**Tourenlänge** 17 Kilometer ab Leverkusen-Schlebusch, 14 Kilometer ab Glöbusch, Odenthal und Schildgen.

**Wegzeit** 4,5 bzw. 3,5 Stunden.

**Höhenunterschiede** 140 Meter.

**Wegmarkierungen** Leverkusen-Schlebusch – Glöbusch Winkel 10, Glöbusch – Odenthal A1, Odenthal – Buschhorn Winkel 7 und Raute 8, Buschhorn – Leverkusen-Schlebusch Keil 15.

**Wanderkarte** Freizeitkarte 1:50 000, Blatt 18.

**Wissenswertes** Kontrastreich wie die Wanderstrecke sind zwei Kirchenbauten an unserem Weg. Im schmucken Ortskern von *Odenthal* finden wir die romanische Pfarrkirche aus dem 12. Jahrhundert, im Bergisch Gladbacher Stadtteil *Schildgen* die 1960 von Gottfried Böhm erbaute Herz-Jesu-Kirche.

(© Stadtwerbung Leverkusen/Reinemann)

**Tourenbeschreibung** Wanderer ab *Leverkusen-Schlebusch* gehen von der Straßenbahnendstation aus rechts auf den *Nittumer Weg,* Markierung Winkel 10+11. Wir bleiben zunächst am Siedlungsrand und kommen an einer Schutzhütte und einer Gasleitungsstation vorbei. Der Waldrand wird nochmals kurz berührt, dann trennen sich die Markierungen. Wir gehen geradeaus mit Winkel 10 und biegen an der zweiten Kreuzung links ab.

Wer von Glöbusch, Odenthal oder Schildgen ausgegangen ist, trifft an dieser Kreuzung geradeaus gehend auf die Route. Wir kreuzen eine Straße und kommen zur *Dhünn,* vor der wir nach rechts biegen. Links über den Fluß nach *Hummelsheim.* Am Ende der Siedlung nach rechts und geradeaus über die Straße hinweg auf einen Feldweg. Die Talböschung hoch kommen wir nach *Edelrath.* Nach Haus 10 biegen wir links ab (Markierung ist übermalt) und am Stop-Schild geradeaus auf den *Kursiefer Weg.* Wir passieren ein Gehöft, durchqueren eine Senke und biegen rechts nach *Neuenhaus.* Vor einem Fachwerkhaus mit Schiefer-

giebel scharf links ab, vor Haus 71 wieder rechts und auf einen Fußweg, der am Waldrand links knickt und abwärts in ein Tal führt. Wir bleiben diesseits des Baches und gehen, wenn wieder Häuser erreicht werden, wenige Meter rechts auf den Weg *Horkenbach* und sofort wieder links. Wir steigen etwas an und biegen links auf einen Querweg, der sich wieder in den Talgrund senkt. Wir kreuzen einen Teerweg und gehen wieder die Talböschung hoch. Links auf einen schmäleren Pfad und rechts in die Wiesen. Vor einem Holzgatter links biegen und an einem Reiterhof vorbei. Ende der Anlagen rechts und links zur Straße und diese rechts nach *Glöbusch* ansteigend in den Ort.

In scharfer Linkskurve der Straße biegen wir rechts ab, die Markierung verlassend, auf den *Brombeerweg*. Über einen Wendehammer geradeaus auf Fußweg, der in eine Straße einmündet. Diese links aufwärts und rechts ab in Straße *Zum Hahnenberg* (Parkmöglichkeit, Ausgangspunkt für Autowanderer).

Wir folgen jetzt der Markierung A1, bleiben auf *Zum Hahnenberg* und gehen weiter auf den *Quellenweg*. Geradeaus kommen wir zum Waldrand und gehen dann abwärts in den Talhang. Wir erreichen das *Dhünntal* und biegen hier rechts ab.

Neben dem A1 treffen wir auf die Markierungen Raute und Winkel, denen wir weiter folgen. Die *Dhünn* entlang kommen wir nach *Odenthal.* Neben der Straßenbrücke (hier die Bushaltestelle *Rathaus*) gehen wir geradeaus auf einem Fußweg weiter, am Fluß bleibend. Jenseits der *Dhünn* großer Parkplatz (Ausgangspunkt für Autowanderer). Wir passieren das Schulzentrum und wechseln mit der nächsten Brücke auf die andere Flußseite. Über einen Seitenbach und kurz steil durch den Hang. Der Weg verläuft durch den Talgrund und bleibt an der Hangsohle neben einem Seitenbach. Links in schmale Straße. Wenn der Teerweg links knickt, geradeaus weiter auf unbefestigten Weg. Über den Bach und im jenseitigen Talhang rechts ab durch eine Schranke. Nach Passieren einer Gasleitung (gelbe Pfosten) rechts weiter auf dem Hauptweg, die Markierungen kurz verlassend. Der Weg steigt etwas an, dann geht es rechts ab in einen unbefestigten Weg, jetzt wieder mit den Markierungen. Am Waldrand gehen wir links hoch und geradeaus wieder in den Wald. Wenn der Weg sich verzweigt, verlassen wir die Markierungen erneut und gehen auf dem ebenen Weg im Linksbogen weiter.

Der Weg mündet in eine Straße ein, der wir scharf rechts abwärts folgen, Markierung Keil 15. Geradeaus auf der *Voiswinkeler Straße* (die Rauten-/Winkelmarkierung wird nicht mehr beachtet). Kurz nach Waldeintritt links ab. Am Siedlungsrand von *Schildgen* rechts weiter und geradeaus auf den *Odenthaler Markweg.* Die Straße gabelt sich an der Spitze eines Wäldchens, es geht links weiter. Geradeaus über die erreichte Verkehrsstraße hinweg auf einen Fußweg und über eine weitere Straße hinweg auf die Wohnstraße *Broicher Feld.* Links ab in den *Schlagbaumweg,* geradeaus auf den *Hoppersheider Weg* und halbrechts in *Leuchter Gemark.* An der Abzweigung der Straße *Im Waldwinkel* geradeaus auf einen Privatweg. Im Wald an Haus 26 rechts halten und dann links. Auf einer Holzbrücke über den Bach.

Wanderer für Glöbusch, Odenthal und Schildgen der kürzeren Route gehen geradeaus weiter, die Keil-Markierung verlassend, und geradeaus auf einen von links heranziehenden Weg, der zu der oben beschrieben Kreuzung führt, an der es geradeaus weiter mit der Winkel-Markierung geht.

Wanderer für Leverkusen-Schlebusch gehen gleich hinter dem Bach links, weiter den Keil-Zeichen nach. An Kreuzung geradeaus ins Landschaftsschutzgebiet. Ein Reitweg läuft parallel. Wir kreuzen bei einer Sitzbank einen Querweg, berühren wenige Meter den Reitweg und gehen dann rechts davon weiter. Der Weg führt gerade durch den Wald.

An der zweiten Kreuzung biegen wir rechts ab, das Keil-Zeichen verlassend. Am Siedlungsrand wieder links und zurück zur Straßenbahn.

# 14 Vom Altenberger Dom zur Großen Dhünntalsperre

**Ausgangspunkt für Autowanderer** Gebührenfreie Parkplätze im Bereich Altenberg sind der Parkplatz Rösberg bei der Bushaltestelle sowie der Großparkplatz neben der Dhünn hinter Altenberg an der Landstraße Richtung Dabringhausen. Altenberg wird von Leverkusen oder Bergisch Gladbach über Odenthal sowie von der A 1, Ausfahrt Burscheid, über Blecher erreicht. Weiterer Parkplatz: Schöllerhof an der Landstraße Odenthal – Altenberg – Dabringhausen.

**Ausgangspunkt für ÖPNV-Wanderer** Altenberg, Bushalt. Linien Leverkusen – Blecher – Altenberg, sowie nur am Wochenende: Köln-Mülheim – Odenthal – Altenberg, Bergisch-Gladbach – Odenthal – Altenberg.

**Tourenlänge** 13 Kilometer. **Wegzeit** 3,5 Stunden.

**Höhenunterschiede** 140 Meter.

**Wegmarkierungen** Altenberg – Wegetreff am Eifgenbach vor Schöllerhof Raute 8, Winkel 8+10 und X30, ab hier bis zur Linnefe Winkel 8, Lindscheid – Ortsrand Neschen X29, Abzweigung Feld – Altenberg A6.

**Wanderkarte** Freizeitkarte 1:50 000, Blatt 18 oder 19.

**Wissenswertes** Der *Altenberger Dom* stellt ohne Zweifel einen der Höhepunkte des Bergischen Landes dar. Streng genommen ist er kein Dom, da diese Bezeichnung nur Bischofskirchen führen dürfen. Zisterziensermönche aus Morimond gründen 1133 hier ein Kloster, der Grundstein für den Kirchenbau wird

**Am Altenberger Dom** (© Gemeinde Odenthal)

etwa 10 Jahre später gelegt. Die endgültige Form erhält der Bau um die Wende zum 15. Jahrhundert. 1803 wird die Abtei aufgelöst, Kirche und Klostergebäude verfallen zusehends. Parallel zum Wiederaufbau des Kölner Doms konnte der Preußische König Friedrich Wilhelm III. auch zum Wiederaufbau des Altenberger Doms gewonnen werden, der dann 1847 unter seinem Nachfolger eingeweiht wurde. Seit damals ist der Dom als Simultankirche in staatlicher Obhut. An dieser Stelle sei lediglich auf *eine* Einzelheit hingewiesen: Die Kirchenfenster, von denen das Westfenster das größte in Deutschland ist, sind in der sogenannten Grisaille-Technik ausgeführt, die einen Kompromiß darstellt zwischen dem zisterziensischen Verbot der farbigen Glasmalerei und der Vorliebe der Gotik dafür. Wenn oberhalb des Doms der Eifgenbach in die Dhünn eingeflossen ist, und die Straße das Tal hier verläßt, wird es auch im *Dhünntal* ruhig, und wir wandern durch das stille Tal zur *Großen Dhünntalsperre.* Das Attribut groß trifft zu, mit einem Stauinhalt von 81 Mio. $m^3$ und einer Staufläche von 440 Hektar ist die Talsperre die größte im Bergischen Land. Der 400 Meter lange Damm hat eine Höhe von 60 Metern.

**Tourenbeschreibung** Vom Parkplatz *Rösberg* unter der Straße durch und vor der *Dhünn* links auf den *Uferweg.*

Vom Bushalt aus am Kiosk vorbei und vor der Dhünnbrücke links über die Straße auf den *Uferweg,* Markierung Winkel 10 und Raute. Wir bleiben neben dem Dom an der *Dhünn,* Markierung auch X30 und Winkel 8, und gehen auf dem *Märchenwaldweg* talaufwärts. Gegenüber vom Märchenwald liegt ein Großparkplatz auf der anderen Flußseite. Wir bleiben am diesseitigen Ufer. Über einen Seitenbach und im Talgrund nach links. Unweit der Biegung mündet der *Eifgenbach* in die *Dhünn.* Vor Einmündung eines breiteren Seitenbachs trennen sich die Wege.

Wir gehen rechts über den *Eifgenbach,* jetzt nur noch mit dem Zeichen Winkel 8 (sowie A4+8). Wir gehen zur nahen Straße und folgen ihr rechts bis zum Parkplatz *Schöllerhof,* vor dem wir links abbiegen. Wir befinden uns jetzt wieder im *Dhünntal.* Wir überqueren den Fluß und halten uns dahinter links. Wir gehen das Tal aufwärts und passieren dabei das einsame Forsthaus *Aue.* Bei einem Unterstand gehen wir erneut über den Fluß und gleich hinter der Brücke rechts weiter. Oberhalb im Hang liegt das *Haus Haniel.*

Bei einer Rastbank gehen wir geradeaus weiter, das Winkel-Zeichen verlassend, durch den schon vorher sichtbaren Torbogen über die *Linnefe,* weiter das *Dhünntal* aufwärts Richtung Lindscheid. Wir kommen am Anwesen *Lohsenaue* (Forstverwaltung

des Wupperverbandes) vorbei, geradeaus ragt der Talsperrendamm hoch, und steigen auf Teerweg an, der eine Linkskehre beschreibt und bei der Klinik *Haus Lindscheid* (ehemalige Jugendherberge) wieder nach rechts biegt. Wir gehen auf *Lindscheid* zu.

Kurz unterhalb des Weilers geht es mit der X-Markierung rechts durch ein grünes Tor auf den Privatweg des Wupperverbandes. Vorbei an den Dienstgebäuden erreichen wir den Talsperrendamm, auf dem wir rechts weitergehen. Am Dammende gehen wir über einen breiten Querweg hinweg rechts auf ansteigenden Schotterweg und dann links aufwärts Richtung Eichholz/Neschen. Weiter den X-Zeichen nach kommen wir durch den Hang oberhalb der Talsperre und gelangen schließlich zu einem Teerweg, auf dem es rechts weiter geht. An der Abzweigung nach *Bömberg* geht es links ab, am Waldrand entlang und schließlich über Wiesen zum Ortsrand von *Neschen.*

**Große Dhünntalsperre** (© Gemeinde Odenthal/Hartmut Dietel)

Hier gehen wir rechts ab in den Ort, das links abbiegende X-Zeichen verlassend, und biegen dann links auf die Ortsstraße. Rechts auf die Verkehrsstraße und kurz darauf an der Straßengabel rechts auf der Vorfahrtsstraße Richtung Burscheid bleiben (A2). Ab dem Ortsausgang führt ein Fußpfad rechts neben der Straße her, die wir bis zum Bushalt *Bömerich* entlanggehen.

Jetzt verlassen wir die Straße halblinks nach *Feld* und folgen bis Altenberg der Markierung A6. Der Weiler wird geradeaus durchquert, dann geht es im Wald auf ungeteertem Weg abwärts. An einer Wegeteilung gehen wir rechts abwärts. Beim Zusammenfluß zweier Bäche überqueren wir den linken und gehen kurz steil die Böschung hoch. Wir schwenken rechts auf einen Waldfahrweg ein (Markierung bis Altenberg jetzt auch A10 und X). Wir bleiben auf der linken Talseite, bis der Weg schließlich in einen Teerweg mündet, der uns rechts abwärts zwischen Teichen durchführt und im jenseitigen Talhang in eine Straße mündet. Abwärts kurz neben der Straße her und mit Fußgängerunterführung unter der Querstraße durch. Wir gehen rechts um den *Altenberger Dom* herum, wobei wir links auf den *Eugen-Heinen-Platz* kommen.

Zu den Parkplätzen Märchenwald und Schöllerhof geht es rechts durch den Torbogen über die *Dhünn* und rechts, weiter wie oben beschrieben.

Zum Parkplatz Rösberg und zur Bushaltestelle geradeaus über den Domvorplatz.

# 15 Zwischen den Quellflüssen der Sülz

**Ausgangspunkt für Autowanderer** Wipperfeld, Parkmöglichkeit an der Kirche. Der Ort wird über die B 506 Bergisch Gladbach – Wipperfürth erreicht.

Weiterer Ausgangspunkt das etwas abseits liegende Thier, das von der Landstraße Kürten – Wipperfürth abzweigend erreicht wird. Parken an der Kirche.

**Ausgangspunkt für ÖPNV-Wanderer** Junkermühle oder Thier. Buslinie Bergisch Gladbach – Kürten – Junkermühle – Thier – Wipperfürth.

(In Junkermühle gibt es kein Gasthaus.)

**Tourenlänge** 18 Kilometer, Junkermühle – Thier 10 Kilometer.

**Wegzeit** 4,5 bzw. 2,5 Stunden.

**Höhenunterschiede** 280 Meter, Junkermühle – Thier 200 Meter.

**Wegmarkierungen** In Wipperfeld zunächst A3, dann bis Campingplatz bei Oberbüschem X19, bis Junkermühle und hinter Dahl – Kloster Ommerborn zusätzlich K im Kreis, hinter Kloster – Campingplatz zusätzlich L im Kreis und T im Kreis, Campingplatz – Thier A2, Thier – hinter Oberschwarzen Kreis, vor Wipperfeld Raute 9.

**Wanderkarte** Freizeitkarte 1:50 000, Blatt 19.

**Anmerkung** Wer nur eine kurze Wanderung machen will, geht unter Benutzung der angegebenen Buslinie von Junkermühle nach Thier.

Die Sülz, die bei Lohmar in die Agger mündet, vereinigt sich in Hommerich (Tour 44) aus zwei Quellflüssen, die Kürtener und Lindlarer Sülz genannt werden, obwohl die letzte gar nicht durch Lindlar fließt. Zwischen deren Oberläufen erstreckt sich ein abwechslungsreiches, stilles Wandergebiet.

**Tourenbeschreibung** In *Wipperfeld* gehen wir neben der Kirche über den Parkplatz in die *Professor-Mausbach-Straße,* Markierung A3. Wir biegen um Haus 8 und gehen weiter talwärts. Neben einem Teich gehen wir geradeaus weiter auf ungeteertem Weg, neben dem A3 Markierung X19 und K im Kreis.

Wir gehen das Tal abwärts, wobei wir an einer Gabel rechts auf die andere Talseite schwenken. Wir bleiben mit den K- und X-Zeichen im Tal (A3 schwenkt in ein Seitental aus) und erreichen *Junkermühle.*

Hier biegen wir, jetzt nur noch mit X19, nicht mehr mit K, scharf links in die Landstraße ab. Über die (Kürtener) *Sülz* und rechts ab nach *Dahl.* Hinter Haus 22 rechts ab. Der Weg beschreibt eine Kehre und führt durch Wiesen zum Wald. Hier links ab (das K-Zeichen stößt wieder dazu) und am Waldrand rechts. Am Wegetreff unterhalb eines Hauses gehen wir scharf links ab wieder in den Wald. Wenn wir wieder in freies Gelände kommen, blicken wir auf eine Kreuzesanlage, an der wir später vorbeikommen. Vor Erreichen eines Gehöftes biegen wir scharf rechts in den Teerweg, der mit Linksbiegung an einem Wegekreuz in den Weiler *Neuenhaus* führt. Neben Haus 3 gehen wir auf den unteren, ungeteerten Weg, der durch eine Talsenke schwenkt und im Wald aufsteigt.

Am Waldrand stoßen wir auf einen geteerten Querweg, in den wir links abbiegen, weiter der X-Markierung nach (nicht mehr K). Geradeaus liegt das Kloster *Ommerborn,* einen Abstecher kann man erübrigen. Über die freie Höhe kommen wir mit schöner Aussicht an der Kreuzesanlage vorbei und kreuzen am Wasserbehälter eine schmale Straße.

Wir gehen geradeaus in den Wald, jetzt auch mit der Markierung T im Kreis, und bald stößt noch das Zeichen L im Kreis dazu. Wir folgen den drei Zeichen L, T und X etwa 3 Kilometer meist eben durch den Wald und erreichen dann kurz den Waldrand, rechts unterhalb ein Weiler. Erneut am Waldrand kommen wir durch Campinggelände.

An seinem Ende erreichen wir eine Kreuzung mit Bildstock und biegen halblinks ab Richtung Thier, Markierung A2, nicht mehr L,T,X. Der Weg fällt, am Waldrand geht es geradeaus weiter auf unbefestigten Weg. Im jenseitigen Wald setzt sich der Weg als Pfad fort und führt über einen breiten Querweg hinweg. Dann steil hinab ins Tal, die Straße kreuzen und über den Bach zu einem Teerweg. Auf ihm links aufwärts nach *Thier,* Markierung Kreis, und geradeaus an der Kirche vorbei (rechts Parkplatz und Bushalt).

Wer von *Thier* seinen Ausgangspunkt nimmt, biegt also an der Kirche rechts ab. Die Kreis-Zeichen leiten auf den Fußweg zwischen Kirche und Haus 3 hinunter. Am Landhaus *Orbach* über die *Kürtener Sülz* und links auf die Landstraße. Wir biegen rechts auf den Weg *Hof/Heid.* In *Hof* an der Schulbushaltestelle wenige Meter links und sofort wieder rechts. Nach dem Weiler schwenken wir links in einen Taleinschnitt und folgen im Wald einem eingekerbten Wasserlauf. Nach Eintritt in Fichten wendet sich der Weg mit Rechts-/Linkskurve von dem Wasserlauf weg. Wir bleiben auf dem Hauptweg und folgen weiter der Kreis-Markierung. Wir stoßen auf einen Teerweg, folgen ihm 50 Meter nach rechts und biegen wieder rechts ab. Diesen Weg benutzen wir bis

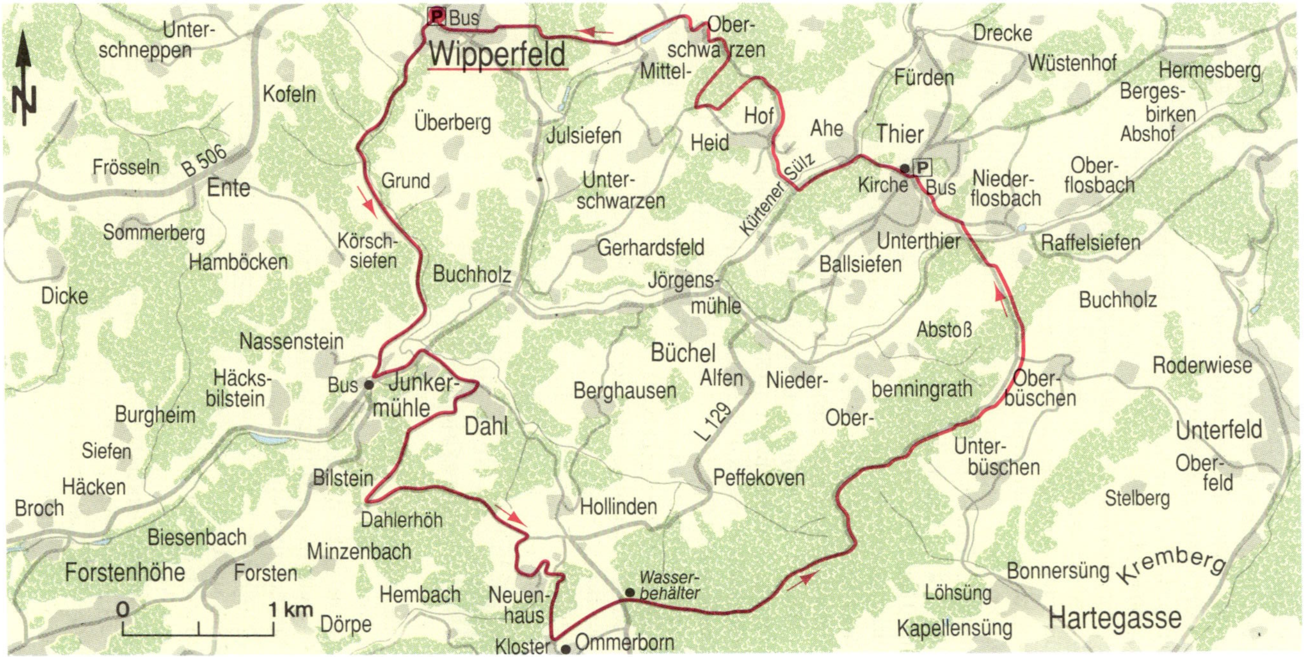

N
Bus
Wipperfeld
Unter-
schneppen
Kofeln
Überberg
Julsiefen
Mittel-
Ober-
schwarzen
Heid
Hof
Ahe
Thier
Fürden
Drecke
Wüstenhof
Hermesberg
Berges-
birken
Abshof
Frösseln
B 506
Ente
Grund
Unter-
schwarzen
Kürtener Sülz
Kirche
Bus
Nieder-
flosbach
Ober-
flosbach
Sommerberg
Hamböcken
Körsch-
siefen
Buchholz
Gerhardsfeld
Unterthier
Ballsiefen
Raffelsiefen
Dicke
Jörgens-
mühle
Buchholz
Nassenstein
Büchel
Abstoß
Bus
Junker-
mühle
Häcks-
bilstein
Berghausen
Alfen
Nieder-
benningrath
Ober-
Roderwiese
Ober-
büschen
Burgheim
Dahl
L 129
Unter-
büschen
Unterfeld
Ober-
feld
Siefen
Häcken
Broch
Bilstein
Peffekoven
Hollinden
Stelberg
Dahlerhöh
Biesenbach
Minzenbach
Forstenhöhe
Forsten
Bonnersüng
Kremberg
Hembach
Neuen-
haus
Wasser-
behälter
Löhsüng
Kapellensüng
Hartegasse
0
1 km
Dörpe
Kloster
Ommerborn

zu einem Jagdsitz, wo es links abgeht über die Wiese abwärts nach *Oberschwarzen.* Hier knickt der Weg zunächst scharf nach rechts, dann nach links über den Hof, sofort vor Holzschuppen wieder rechts, darauf mit Kehre nach links und im Rechtsbogen an einem Steinkreuz vorbei. Schließlich biegt der Weg nach links und über den Bach.

Wir verlassen dann die Kreis-Markierung, indem wir geradeaus weiter auf dem Teerweg gehen und kommen an einem kleinen Stausee vorbei. An seinem Ende halten wir uns rechts, wobei wir die bisherige Richtung etwa beibehalten. Oberhalb eines Einzelhauses biegt der Weg nach rechts, auch an diesem Weg finden wir ehemalige Markierungen. An der Gabel halten wir uns links, überqueren den kleinen Bach, gehen kurz durch den Talgrund, kreuzen schräg einen Querweg (die alten Zeichen nicht beachten) und steigen geradeaus auf geteertem Weg im Wald an. Bei Sitzbank geradeaus. Der jetzt ungeteerte Weg senkt sich wieder und biegt rechts in einen Taleinschnitt.

Hier gehen wir nach links über den Bach und folgen der Markierung Raute aufwärts nach *Wipperfeld.* Dort halten wir uns zunächst kurz links, vor Haus 20 wieder rechts und gehen geradeaus in den Ort. Hinter der Volksbank zweigt die Rautenmarkierung links ab, wir gehen jedoch geradeaus zur Kirche weiter.

Wanderer ab Thier biegen neben der Kirche links über den Parkplatz ab und gehen weiter wie oben beschrieben.

## 16 An Bever- und Neyetalsperre

**Ausgangspunkt für Autowanderer** Parkplatz an der Kreisstraße, die über den Damm der Bevertalsperre führt. Man erreicht die Straße über die B 237 von Hückeswagen oder Wipperfürth aus. Wanderparkplatz an der Kreisstraße von Wipperfürth-Neye Richtung Halver beim Waldeintritt hinter Oberröttenscheid. Weiterer Ausgangspunkt das etwas abseits gelegene Egen, Parkplatz an der Kirche. Egen wird von der zuvor genannten Kreisstraße aus oder über Radevormwald erreicht.

**Ausgangspunkt für ÖPNV-Wanderer** Hückeswagen, Bushaltestelle Tannenbaum. Linie Remscheid-Lennep – Hückeswagen – Wipperfürth – Marienheide – Gummersbach (auch Schnellbus).

**Tourenlänge** 18 Kilometer für Autowanderer, 21 Kilometer für ÖPNV-Wanderer.
**Wegzeit** 4,5 bzw. 5 Stunden.
**Höhenunterschiede** 160 Meter für Autowanderer, 220 Meter für ÖPNV-Wanderer.
**Wegmarkierungen** Hückeswagen – Kreisstraße/Abzweigung Beverdamm Kreis, Beverdamm – Siepersbever X28, Siepersbever – hinter Gardeweg X7, hinter Gardeweg – Neyetal Quadrat und A2, Neyetal – vor Beverdamm teilweise Kreis, Parkplatz vor Niederlangenberg – Beverdamm /Kreisstraße X28.
**Wanderkarte** Freizeitkarte 1:50 000, Blatt 19.
**Wissenswertes** Die Wanderung führt uns um zwei Talsperren, von denen die *Bevertalsperre* auch zum Wassersport genutzt werden kann, hingegen die stille *Neyetalsperre* ausschließlich der Trinkwasserversorgung dient. *Hückeswagen* mit dem Schloß (Heimatmuseum) auf einem Höhenrücken oberhalb der Wupper hat einen der sehenswertesten bergischen Ortskerne.

**Tourenbeschreibung** ÖPNV-Wanderer gehen von der Haltestelle aus ein Stück auf der B 237 stadtauswärts und verlassen diese vor dem Ortsausgangsschild halblinks abwärts auf eine abgeschnittene Straße. Über die *Wupper* und Ende der Straße nach links. Über die Bahn, links ab in die *Jung-Stilling-Straße,* Markierung Kreis, und über die *Bever.* Der *Jung-Stilling-Straße* folgend aufwärts, bis sie nach links biegt. Hier geradeaus weiter, neben Haus 78 vorbei, am Siedlungsrand entlang und zu einer Straße, in die links eingebogen wird.

Autowanderer ab Parkplatz Nähe *Beverdamm* (und geradeaus daran vorbei gehend von den anderen Ausgangspunkten) folgen der Straße aufwärts, Markierung X28, und erreichen nach kurzem Waldstück freies Feld. Hier biegen von links die ÖPNV-Wanderer zu.

An der Straßengabel halten wir uns rechts, weiter den X-Zeichen nach. Oberhalb des Campinggeländes bleiben wir zunächst auf der Straße und biegen dann halbrechts ab (Wegweiser Strandcafe). Die Straße schwenkt über einen Damm durch ein Seitental und mündet in Verkehrsstraße, auf der es rechts weitergeht. Am Rondell biegen wir in den ersten Weg links ab, weiter mit der X28-Markierung. Durch Wiesen zum Waldrand. Im Wald fällt der Weg. Wir erreichen einen Wegetreff an einer Waldecke und gehen markierungsgemäß halbrechts weiter. Der Weg führt hinunter zur *Bevertalsperre,* wir gehen links auf dem Uferweg weiter. Der Weg folgt den Windungen der Talsperre und mündet in eine Straße. Zuvor ist die Markierung X7 dazugestoßen.

N
Neuenherweg
Leiverbach
Heinhausen
Siepers-
bever
Stoote
Levenhausen
Bruch
Birkenbaum
Lesenbüchen
Vossebrechen
Kotten
Vorst
Zipshausen
Linde
Eckenhausen
Müllensiepen
Egen
P
Kirche
Being-
hausen
Gardeweg
Forste
Böckel
Wüste
Buchholz
Frohnhausen
B 483
HÜCKESWAGEN
Neu-
hückeswagen
Micken-
hagen
Wefelsen
Klein-
höhfeld
Groß-
Hasenburg
Kirchen-
büchel
Platzweg
Obernien
Unter-
lüttgenau
Ober-
lüttgenau
Höhe
Bevertalsperre
Forst Höhe
Kohlen-
berg
Schäferslöh
Neye
Ritterlöh
Kreuz-
berg
Hackenberg
Kloster
Hülsen
Steinberg
Unternien
Ober-
langenberg
Klein-
berghausen
Groß-
Löher Heide
Nieder-
langenberg
Wupper
Bus
Dierl
P
Reinshagens-
bever
Ober-
röttenscheid
Vorder-
wurth
Nieder-
scheveling
Fliegen-
eichen
Schevelinger
Talsperre
(Silbertalsperre)
Kobeshofen
Klein-
eichen
Stein-
berg
Elberhausen
Neyetalsperre
Dreine
0
1 km

Wir folgen der Straße geradeaus weiter, den X7-Zeichen nach, vorbei am Haus *Stoote.* Nach etwa einem Kilometer zweigt rechts eine Straße nach Wipperfürth ab. Wir gehen geradeaus weiter und biegen dann in einer Linkskurve scharf rechts ab auf einen breiten Teerweg. Der Weg überquert die *Bever* und führt an einem Hof vorbei aufwärts nach *Egen.* Neben der Kirche halten wir uns links Richtung Schwenke und gehen an der Gabel rechts weiter nach *Beinghausen.* Am Trafohäuschen rechts auf den Weg *Gardeweg.* Durch dieses Anwesen zu einer Straße, die wir bei einem Steinkreuz schräg links überqueren nach *Gardeweg 3.* Vor den Häusern schwenken wir nach rechts in den Hang. Ende der Teerdecke leitet die Markierung wenige Schritte nach rechts, sofort wieder nach links und über den Bach.

Im jenseitigen Talhang biegen wir rechts ab, das X7-Zeichen verlassend, und folgen den Markierungen Quadrat und A2 das Tal abwärts. Links in befestigten Weg, weiter im linken, unteren Talhang. Beim Zusammentreffen zweier Täler halten wir uns rechts und überqueren die *Neye.*

Jenseits gehen wir rechts weiter, jetzt mit Markierung Kreis (nicht mehr A2, das Quadrat läuft noch ein kurzes Stück mit), und kommen an Teichanlagen vorbei. Bei einem kleinen Steinhäuschen biegen wir rechts ab, den Kreis-Zeichen nach, und gehen wieder über die *Neye.* Wir passieren ein Blockhaus, gehen links ab durch eine Sperre und dahinter auf dem linken Weg weiter talwärts. Wir erreichen die *Neyetalsperre* und gehen auf dem Uferweg weiter, der sich um zwei Ausbuchtungen der Talsperre herumwindet.

Nachdem die Staumauer in Sicht gekommen ist, verläßt die Kreis-Markierung den Uferweg. Wir bleiben jedoch auf dem Weg und gehen weiter die Talsperre entlang. Wir schwenken erneut um eine Ausbuchtung, dann im weiten Rechtsbogen um eine Landzunge und kommen in eine lange, schmale Ausbuchtung. An ihrem Ende gehen wir im Linksbogen über beide Seitenbäche hinweg und biegen hinter dem zweiten Bach rechts ab, den Uferweg jetzt verlassend. Wir steigen leicht neben dem Bach an, gehen links an einer Waldwiese vorbei und geradeaus in der Einkerbung hoch. Der Weg schwenkt nach links, steigt etwas stärker an und führt zur von Wipperfürth-Neye herkommenden Kreisstraße. Wir folgen ihr nach links auf einem parallelen Weg, hier wieder Kreis-Markierung. Beim Waldaustritt erreicht man einen Wanderparkplatz (Ausgangspunkt für Autowanderer).

Am Waldrand gehen wir nach rechts, die Straße überquerend, Markierung X und weiterhin Kreis, abwärts auf einen Pfad. Links biegend nach *Niederlangenberg* zu einem Gehöft und links

**Hückeswagen, Zunftfahnen an der »Schiefergiebeligkeit« der historischen Marktstraße** (© Stadt Hückeswagen/Herbert Draheim)

auf den Zufahrtsweg. Wenn der Teerweg rechts biegt, gehen wir geradeaus weiter. Der Weg führt am Waldrand entlang.

Wenn auch rechts des Weges ein Stück Wiese liegt, biegen wir kurz darauf hinter einem Jagdsitz rechts auf einem Pfad in den Wald, nur noch mit den X-Zeichen, nicht mehr mit Kreis. Wir kommen hinab zum Damm der *Bevertalsperre,* auf dem es links weitergeht. Wir bleiben auf der Straße und erreichen den Parkplatz.

Wanderer von anderen Ausgangspunkten sowie ÖPNV-Wanderer gehen geradeaus auf der Straße weiter. Kurz ansteigend durch Wald wird freies Feld erreicht. Autowanderer bleiben auf der Straße, ÖPNV-Wanderer biegen scharf links ab auf den Herweg und gehen auf bekanntem Weg zurück nach *Hückeswagen.*

# 17 Auf der Kräwinkler Brücke über die Wuppertalsperre

**Ausgangspunkt für Autowanderer** Am einfachsten zu erreichen ist der Parkplatz bei Niedernfeld an der Zufahrt nach Krebsöge von der B 229 Remscheid-Lennep – Radevormwald, nächster Autobahnanschluß Remscheid der A 1. Weitere Parkplätze: in Dörperhöhe bei der Talsperrenbrücke der Landstraße Bergisch Born (B 51) – Radevormwald sowie in Radevormwald-Dahlhausen (Landstraße Wuppertal-Oberbarmen – Radevormwald) nahe der Wupperbrücke.
**Ausgangspunkt für ÖPNV-Wanderer** Radevormwald-Dahlhausen, Haltestelle Brücke. Busse Wuppertal-Oberbarmen – W-Beyenburg – Dahlhausen – Radevormwald und Remscheid-Lennep – Dahlhausen.
**Tourenlänge** 15 Kilometer.
**Wegzeit** 4 Stunden.
**Höhenunterschiede** 240 Meter.
**Wegmarkierungen** Dahlhausen – Heidersteg X7, Heidersteg – hinter Dörper Höhe Raute 8, ab hier – Abzweigung Frielinghausen R im Kreis.
**Wanderkarte** Freizeitkarte 1:50 000, Blatt 19.
**Wissenswertes** Die langgestreckte *Wuppertalsperre* ist ähnlich der Großen Dhünntalsperre (Tour 14) ein junges Kind des Bergischen Landes. In den 80er Jahren angelegt, ließ sie nicht nur die alte nach Radevormwald führende Bahnlinie sondern auch zwei wichtige Straßen versinken, die nun auf weitgespannten Brücken die Talsperre überqueren.

**Tourenbeschreibung** Von *Dahlhausen* aus geht man auf der *Hardtstraße* Richtung Ronsdorf über die *Wupper.* Vor dem Bahnviadukt gehen wir links in die Sackgasse, Markierung X. Der Weg führt durch den Hang, neben dem Bahngleis her. Vor der Bahneinkerbung links auf dem Hangweg bleiben und um den Hangsporn herum. Unter der Bahnbrücke durch, weiter die *Wupper* entlang. Am Ende eines Fabrikgeländes gehen wir den grünen Zaun entlang nach rechts und biegen wieder nach links neben ehemaligem Bahngleis her. Bei den Häusern geradeaus weiter und dann links über das Bahngleis abwärts zu einem Fahrweg. Mit Fußgängerbrücke über die *Wupper* und rechts schwenkend ansteigen. Hier befindet sich das Werk *Krebsöge.* Vor einem Wohnhaus biegen wir links ab und steigen durch den Wald aufwärts. Am *Lorenzhaus* vorbei und mit dem Teerweg zur B 229. Geradeaus über die Bundesstraße hinweg nach *Niedernfeld.*

Wir verlassen die Straße, gehen zwischen den Häusern 3 und 6 im Hang hoch und bei Parkplatzanlage auf Teerweg weiter.

Dieser Parkplatz ist Ausgangspunkt für Autowanderer. Vom Ende aus geht man durch die grün-weiße Sperre rechtshaltend auf den Teerweg, Markierung X.

An einem Anwesen vorbei steigt der Weg zu einer Straße an, auf der es rechts weitergeht nach *Honsberg.* Bei abknickender Vorfahrt geradeaus in die Sackgasse *(An der Wildbahn)* und geradeaus zwischen den Häusern durch in den Wald. Abwärts, mit scharfer Linkskehre zur alten Straße und bei *Heidersteg* zur Landstraße.

Wir biegen scharf rechts auf die Landstraße und verlassen somit die X-Markierung. Mit der Straße gehen wir auf der *Kräwinkler Brücke* über die *Wuppertalsperre* und biegen dahinter in *Dörper Höhe* rechts ab, Markierung Raute. Hier weiterer Parkplatz. Die Straße biegt nach links, dann gehen wir rechts ab durch die Leitplanke (ohne Raute), über den Damm der *Feldbachvorsperre* zum jenseitigen Talhang.

An der Wandertafel biegen wir rechts ab und gehen durch den Hang zur *Wuppertalsperre* hin, Markierung R im Kreis *(Röntgenweg).* Hier biegt der Weg scharf nach links und führt weiter durch den Hang. Wir bleiben auf diesem Weg, der etwas höher in den Hang hinauf führt, Markierungen sind hier keine zu sehen. Der Weg führt schließlich in weiter Linkskehre um eine Hangnase. Voraus sieht man die Brücke der B 229. Auf dem höchsten Punkt gehen wir vor Erreichen der Straße nach links. Der Weg bleibt oberhalb der Straße und mündet schließlich in einen Teerweg, auf dem es geradeaus weiter geht. Auf Brücke über die Bundesstraße und weiter abwärts. Im Tal rechts über den Bach und vorbei an Wegetafel des *Röntgenwegs.* Dahinter biegen wir links ab und sofort wieder rechts, Wanderwegweiser Röntgenweg-Rundweg, in den Weg *Kleebach.* Wir steigen kräftig an, biegen am Waldrand rechts und dann links in den Wald. Aufwärts nach *Hackenberg,* wo wir am Siedlungsende einen Wegetreff erreichen. Wir knicken nach rechts, über den Weg nach *Durchsholz* hinweg, und gehen links an einem kleinen schwarzen Haus vorbei. An der Waldecke halbrechts in den Wald und kurz darauf links. Der Weg führt die gelben Pfähle einer Gasleitung entlang in den Hang hoch oberhalb der *Wupper,* biegt dann scharf nach links in ein Seitental und schließlich am Waldrand nach rechts. Am Ende des Weges gehen wir rechts abwärts auf einen Teerweg, der ein Tal hinunterführt. Wenn dieses Tal in ein weiteres einmündet, gehen wir scharf links auf querenden Teerweg. Das R-Zeichen biegt in den nächsten Weg links ab.

Wir gehen jedoch geradeaus weiter ohne Markierung und wenige Meter später neben einer Schranke rechts ab auf ungeteerten Weg über den Hauptbach und einen Seitenbach. Der Weg steigt an und führt dann an der Hangkante entlang. Wir erreichen eine Gabel und gehen links auf dem Hauptweg weiter. Am Waldrand geht es geradeaus, ab der Waldecke geteert. Am Ende des Weges biegen wir rechts in Querweg. An der Abzweigung *Sieperhof* gehen wir geradeaus auf ungeteerten Weg, eine Heckenreihe entlang. Geradeaus in den Wald, wo der Weg sich gabelt. Wir gehen rechts weiter, eine Waldwiese bleibt links liegen. Der Weg schwenkt nach rechts, führt an Holzhütten vorbei und knickt daneben nach rechts. Halblinks schwenkend weiter auf Pfad abwärts. An seinem Ende links auf Querweg abwärts nach *Dahlhausen.* Wir erreichen ein großes Haus und gehen hier sofort scharf rechts hinunter auf einen Fußweg (roter Pfeil). Nach einigen Stufen rechts und unterhalb Haus 20 scharf links hinunter zur Straße. Scharf rechts die Straße hinunter und links unter das Bahnviadukt. Wanderer ab Dahlhausen gehen geradeaus über die *Wupper* zurück. Wanderer von anderen Ausgangspunkten biegen gleich hinter dem Viadukt rechts ab in die Sackgasse und weiter wie oben beschrieben.

# 18 Zwischen Ennepe und Hasperbach

**Ausgangspunkt für Autowanderer** Ennepetal-Voerde, Parkplatz am Friedhof. Voerde wird über Gevelsberg – Ennepetal oder von Hagen aus erreicht. Nächster Autobahnanschluß: Gevelsberg-West der A 1. Weiterer Parkplatz: Ennepetal-Altenvoerde, Parkplatz am Strandbad.
**Ausgangspunkt für ÖPNV-Wanderer** Ennepetal-Voerde, Haltestellen Mitte oder Bergstraße. Busse Gevelsberg Hbf – Ennepetal (Bahnhof und Busbahnhof) – Voerde, Hagen – Voerde – Ennepetal Busbahnhof.
**Tourenlänge** 16 Kilometer. **Wegzeit** 4 Stunden.
**Höhenunterschiede** 380 Meter.
**Wegmarkierungen** Voerde – Steherberg X17, Hasper Talsperre – Bachtal hinter Steherberg X3, Ende Talsperre – Peddenöde Wappenschild, Peddenöde – Hülsenbecker Tal U, Oberhülsenbecke – Voerde X20.
**Wanderkarte** Freizeitkarte 1:50 000, Blatt 14 oder 19.
**Anmerkung** Diese sehr abwechslungsreiche Wanderung vereint in seinem Grenzbereich alles, was das Bergische Land zu bieten hat: Liebliche Täler, eine wunderschön gelegene Talsperre, murmelnde Bäche und freie Höhen mit weiter Aussicht.

**Tourenbeschreibung** Von der Ortsmitte von *Voerde* aus gehen wir bei der Kirche am *Westfälischen Hof* auf den *Friedhofsweg,* Markierung X17. Vorbei an einem Parkplatz gehen wir links auf den Friedhof. Am jenseitigen Ausgang durch ein Drehkreuz und auf Fußgängerbrücke über die Straße in die Siedlung. Wir gehen wenige Schritte links und sofort wieder rechts auf einen Fuß-/Radweg. Bei der Panoramatafel biegen wir rechts auf den zweiten Weg ab (Zur Egge) und gehen über einen Waldlehrpfad. Der Weg senkt sich allmählich zu einem Fahrweg, auf dem es rechts weiter geht. Wir passieren das Gasthaus *Plessen* (ehemaliges Bahnhofsgebäude der Strecke Hagen – Voerde), gehen dahinter links hinunter und scharf rechts unter dem alten Bahnviadukt durch und überqueren den *Hasperbach.* Durch den Hang steigen wir zur Talsperre an und bleiben diesseits auf dem Hangweg.

Ab der Spitze eines Seitentaleinschnitts begleitet uns zusätzlich die X3-Markierung und vom Ende der Talsperre aus auch die Markierung Wappenschild, die schon einmal vor der Talsperre aufgetaucht ist. Der Weg schwenkt dann nach rechts über einen Seitenbach, dahinter geht es rechts weiter, das *Hasperbachtal* im Wald aufwärts. Mit einer schmalen Holzbrücke rechts über den Bach und ein Seitental hoch *(In der Lieth)* nach *Steherberg.* Hier links auf die Landstraße (X-Markierung, die Schild-Zeichen werden kurz verlassen).

In den nächsten Weg *(Behlinger Weg)* biegen wir wieder rechts ab, jetzt nur noch mit X3, nicht mehr X17, und bald auch wieder das Schild-Zeichen. Vor einem Fachwerkhaus halblinks ab, zwischen den Häusern 17 und 19 durch und neben einem grünen Zaun rechts ab abwärts unter Hochspannungsleitung. Dann bie-

gen wir spitzwinklig links ab und gehen steiler abwärts auf schönem Hangweg durch abwechslungsreichen Wald.

Wir überqueren den linken zweier zusammenfließender Bäche, biegen rechts ab und folgen jetzt nur noch den Schild-Zeichen, nicht mehr der X-Markierung, über den anderen Bach. Kurz steil zum Hangweg hoch und talabwärts auf reizvollem Weg. Wir schwenken durch einen Seitentaleinschnitt und kreuzen dahinter schräg einen etwas eingeschnittenen Weg. Der Pfad führt oberhalb des sumpfigen Weges entlang und mündet dann in den Weg ein, der jetzt befestigt ist. Bei den ersten Häusern von *Peddenöde* wird der Bach rechts überquert, dann geht es links über die *Ennepe*, jetzt auch die Markierung U.

**Staumauer der Ennepetalsperre** (© Günter R. E. Richter)

Wir kreuzen die Landstraße schräg rechts und gehen aufwärts auf die Straße Richtung Rüggeberg. Oberhalb der Häuser verlassen wir die Straße rechts, jetzt nur noch mit Markierung U, nicht mehr Schild, gehen durch zwei Holzgatter und steigen dann im Waldhang kräftig an. An der Gabel in der Dickung halten wir uns aufwärts, und wenn der Weg unmittelbar an die Hochspannungstrasse heranführt, gehen wir spitzwinklig links ab, weiter aufwärts unter paralleler Leitung durch und dann scharf rechts. Ab der Waldecke geradeaus durch das freie Gelände halten wir uns dann rechts zu einem Anwesen. Die offizielle Wegführung schwenkt rechts, zweimal links und wieder rechts, unter der Leitung durch.

Nach einem Umspanner biegen wir rechts auf eine Querstraße, jetzt auch mit Markierung X, und nach wenigen Metern sofort wieder halbrechts in den Wald. Der Weg mündet dann wieder in die Straße ein, die nach *Willringhausen* führt. Eingangs des Weilers links ab, Ende der Gebäude kurz rechts und sofort wieder links Richtung *Hülsenbecker Tal.* Im Wald gehen wir bei zwei grünen Bänken links ab und in das liebliche Tal hinunter. Wir bleiben meistenteils unmittelbar am Bach, passieren einen Konzert-Pavillon und kommen durch Parkanlagen.

Zwischen Fachwerkhäusern hindurch passieren wir eine Schranke und biegen gleich dahinter vor dem Firmenparkplatz mit der X20-Markierung rechts ab, jetzt nicht mehr mit dem U-Zeichen. Beim Linksknick des Teerwegs geradeaus weiter, vorbei am *Strandbad* und dann links hinunter zur Straße. Wir gehen über Straße und Parkplatz und überqueren die *Ennepe.* Wir steigen aufwärts und biegen neben Kleingärten rechts in den Wald. An einem Wegetreff gehen wir geradeaus hoch auf den schmalen Weg, weiter den X-Zeichen nach, und haben einen steilen Aufstieg vor uns. Mit schönem Blick auf Ennepetal und Voerde erreichen wir dann *Voerde,* wo wir links in die Gebäude einschwenken und durch die Anlagen einer Stiftung gehen. Dahinter geht es halbrechts weiter und bei einer Tankstelle über die *Loher Straße* hinweg rechts auf die *Loher Nockenstraße.* Im alten Ortskern links erreichen wir wieder den Ausgangspunkt.

## 19 Vor den Toren Kölns durch den Königsforst

**Ausgangspunkt für Autowanderer** Köln-Rath-Heumar, großer Park and Ride-Platz an der Straßenbahnendstation. Nächste Autobahnanschlüsse: Königsforst der A 3 und Refrath oder Bensberg der A 4.
**Ausgangspunkt für ÖPNV-Wanderer** Köln-Rath-Heumar, Endstation Königsforst der Straßenbahn von Köln.
**Tourenlänge** 12 Kilometer. **Wegzeit** 3 Stunden.
**Höhenunterschiede** 30 Meter.
**Wegmarkierungen** Straßenbahn – hinter Landstraße nach Forsbach Winkel 4, bis Unterstand am Giesbach zugleich Winkel 3, zurück zum Ausgangspunkt Winkel 5 und meist zugleich X22.
**Wanderkarte** Freizeitkarte 1:50 000, Blatt 18.
**Anmerkung** Bequeme Wanderung durch wechselnde Waldbestände.

N
Brück
Kölner Stadtwald
Erkermühle
Bensberger Berg
Königsforst
Lehmbach
Rath-
Schiefer Hauweg
Steinberg
Großer
132 m
Steinberg
Überhöfe
Rennweg
Steinbruchsweg
Hütte
Rath- Forsbacher Weg
Forsbach
Forsbacher Mühle
Hintersten-
Büchel
Vordersten-
Hütte
L 284
AS Königsforst
Giesbach
Hügelgräber
Krummbach
Kleineichen
Vier-
kotten
-Heumar
Schloß Röttgen
A 3/E 35
Sülz
Stümpen
Rösrath
0
1 km

**Tourenbeschreibung** Von der Haltestelle aus überqueren wir den *Rather Mauspfad,* neben anderen Zeichen mit den Markierungen Winkel 3+4 und gehen über die *Rösrather Straße* hinweg halblinks in die *Forsbacher Straße.* Geradeaus in den Wald zu Wegetreff mit Schutzhütte. Die Zeichen Winkel 3+4 leiten halbrechts weiter auf schmalen Weg, rechterhand an der Schutzhütte vorbei auf den Waldlehrpfad. Wir kreuzen zwei gerade Querwege und biegen dann rechts ab in einen geschotterten Weg.

An einer Kreuzung mit Schutzunterstand biegen wir links ab, jetzt nur noch mit Winkel 4. Wir überqueren den *Giesbach* und gehen auf der *Schnackelinie* knapp zwei Kilometer geradeaus durch den Wald, bis wir auf eine Straße treffen. Vor der Straße biegen wir links auf einen neuangelegten Parallelweg (Wegweiser) und überqueren sie dann nach rechts auf einen Waldweg. Wir kreuzen einen Bach, biegen dahinter scharf rechts ab (die Markierung Winkel 2 läuft jetzt ein Stück mit), passieren einen Teich, biegen am Ende rechts in einen Querweg und gleich wieder nach links. Vor einer Senke gehen wir den Winkel 4-Zeichen gemäß links ab und folgen dem Rand des Bacheinschnitts. Auch neben einem Unterstand bleiben wir an dem Bacheinschnitt, durch den es dann hindurchgeht. Jenseits geht es durch eine Schranke auf ein Haus zu, davor biegen wir links ab. Wir kreuzen einen Weg, der über eine alte Bahntrasse verläuft, und biegen sofort links ab, rechts neben dem Damm hinuntergehend. Wir überqueren den Bach und biegen gleich dahinter rechts ab (Markierung A2), das Winkelzeichen ein Stück verlassend. Der schönere A2-Weg führt unmittelbar am Bach entlang zur *Forsbacher Mühle*, wo wir wieder auf die Winkel-Markierung treffen, die vor Erreichen des Gasthauses links über einige Stufen hoch führt. Über den Parkplatz und rechts ab durch eine Schranke. Dann biegen wir leicht links vom Bacheinschnitt weg zur nahen Straße (Parkplatz). Jenseits weiter mit dem Winkel auf breitem Weg in den Wald.

An einer Kreuzung biegen wir links ab, vom Winkel 4 auf den Winkel 5 überwechselnd, jetzt die offene Seite des Winkels in Gehrichtung. An einer Schutzhütte geradeaus schwenken wir links auf einen breiten Schotterweg ein, ab hier zusätzlich Markierung X. Wir kreuzen wieder die ehemalige Bahntrasse und gehen an einer Gabel rechts auf den oberen Weg. Wir passieren den *Großen Steinberg* und gehen dann auf dem *Steinbruchsweg* meistens leicht abwärts, bis wir wieder den bekannten Wegetreff kurz nach Waldeintritt erreichen. Geradeaus gehen wir ein Stück über den Herweg nach *Rath-Heumar* zurück.

# 20 Zwischen Agger und Sülz

**Ausgangspunkt für Autowanderer** Hoffnungsthal, Parkplatz am Freibad in der Rotdornallee. Hoffnungsthal liegt an der Landstraße Rösrath – Untereschbach (Anschluß A 4). Weiterer Parkplatz am Bahnhof Honrath, der von der B 484 Siegburg – Overath aus erreicht wird.
**Ausgangspunkt für ÖPNV-Wanderer** Bahnhöfe Hoffnungsthal und Honrath der DB-Strecke Köln – Overath – Gummersbach.
**Tourenlänge** 14 bzw. 10 Kilometer.
**Wegzeit** 3,5 bzw. 2,5 Stunden.
**Höhenunterschiede** 320 Meter, bis Honrath 220 Meter.
**Wegmarkierungen** Hoffnungsthal – vor Bleifeld K, vor Bleifeld – Bahnhof Honrath Winkel 2, Bahnhof Honrath – Hoffnungsthal Winkel 5.
**Wanderkarte** Freizeitkarte 1:50 000, Blatt 18.
**Anmerkung** Wer nur von Hoffnungsthal bis Bahnhof Honrath wandert und mit der Bahn zurückfährt, erspart sich 4 Kilometer mit einem steilen Aufstieg.
**Wissenswertes** Auf schönen Naturwegen wandern wir über den Höhenrücken zwischen Sülz- und Aggertal. Mehrmals geht es über Viehkoppeln, keine Angst vor Kühen! Im Bereich von *Bleifeld* finden wir Spuren von altem Bergbau, daher der Ortsname.

**Tourenbeschreibung** Vom Bahnhof *Hoffnungsthal* aus gehen wir nach rechts und neben der Bahnunterführung geradeaus auf die *Rotdornallee,* Markierung K. Wir kreuzen die *Hofferhofer Straße,* weiter auf der *Rotdornallee,* hier Parkplatz. Dahinter biegen wir rechts mit den K-Zeichen in den *Hover Weg* und neben dem Freibad scharf links in den Hang hoch steil aufwärts. Wenn der Teerweg nicht mehr stark steigt, biegen wir bei einer Bank halblinks ab auf einen Pfad, der zunächst am Waldrand bleibt und bei einem Schuppen geradeaus in den Wald führt. Wir kommen oberhalb eines grünen Umspannhäuschens vorbei und gehen dahinter geradeaus weiter, jetzt auch Markierung Winkel, auf den Schotterweg. Wir bleiben auf dem breiten, ansteigenden Weg und biegen wenige Meter, bevor von links ein weiterer Schotterweg einmündet, rechts auf einen schmalen, geschotterten Pfad. Am Waldrand geradeaus auf breiteren Weg.

Bei einer roten Ruhebank gehen wir geradeaus auf dem Fahrweg nach *Bleifeld,* jetzt nicht mehr mit der K-Markierung, sondern mit den Winkel-Zeichen (auch X). Wir biegen halbrechts in *Auf dem Steinacker* und gehen geradeaus auf die *Breider Straße,*

Hellenthal
Lehmbach
Burgkopf
Sülz
Lüderich
260 m
Sülze
Forsbach
Hintersten-
Büchel
Vordersten-
Rothenbach
Hove
Hoffnungs-
thal
Freibad
Bahnhof
Vier-
kotten
Rösrath
Haus
Stade
Hofferhof
Unter-
Ober-
lüghausen
Klein-
Groß-
bliersbach
Steinen-
brück
Katzemich
Bleifeld
Boddert
Großlöderich
Klein-
Dresbach
Groß-
Heiligenhaus
Klein-
Groß-
schwamborn
Linde
Voßwinkel
Groß-
dorbusch
Breide
Lüderich
Durbusch
Dahlhaus
Hoven
Eigen
Stöcken
Schlehecken
Wickuhl
Stumpf
Heiden
Honrath
Bahnhof
Stöcken
Breiden-
eichen
Birken
Kombach
Bombach
Brambach
Ferren-
berg
Agger
Overath
Cyriax
Broich
Leyenhaus
B 484
Aggerhütte
Eulenthal
Buschhoven
Agger
Honsbach
Kern
Hohnenberg
Neu-
honrath
0
1 km

weiter den Winkel-Zeichen nach. Am Ortsausgangsschild biegen wir links ab mit den Zeichen Winkel 2+12 nach *Boddert.* In dem Weiler gehen wir geradeaus bis zur querenden Teerstraße. Hier rechts, jetzt nur noch mit Winkel 2, und nach 50 Metern wieder links in den Wald. Der Weg bleibt zunächst in Waldrandnähe, knickt dann oberhalb eines Einschnitts scharf nach links und windet sich durch den Hang. An einer Gabel geht es rechts weiter und am Waldrand links. An der Waldecke gehen wir geradeaus, mit zwei Zaundurchlässen über ein Weidestück, die Markierung in diesem Bereich ist spärlich. Wieder im Wald wird ein Querweg gekreuzt. Am Waldrand biegen wir rechts und kommen zur nahen Straße vor dem Ortseingang von *Dahlhaus.* Kurz links und sofort scharf rechts in den nächsten Weg. Durch einen Streifen Fichtenwald und am Waldrand links auf einen unbefestigten Weg. Wir bleiben zunächst am Waldrand und kommen dann ein Stück durch den Wald. Wieder geht es mit zwei Zaundurchlässen über ein Weidestück, wobei man sich vom ersten Durchlaß zur jenseitigen Waldspitze hin hält. Schließlich wird ein Teerweg erreicht, auf dem es links weitergeht. Aussichtsreich geht es abwärts. Wenn die ersten Häuser von *Bombach* in Sicht kommen, biegen wir scharf rechts ab auf einen ungeteerten Weg abwärts. Der Weg beschreibt eine Spitzkehre, und bei den Häusern gehen wir wieder scharf nach rechts. Im Talgrund rechts auf dem Teerweg talaufwärts und am Wendeplatz nach links, über den Bach hinweg, nach *Breideneichen.* Neben Haus 2 geradeaus abwärts, dann biegt das Sträßchen scharf nach links und schwenkt im weitem Bogen vor dem Bahndamm nach rechts. Wir gehen geradeaus hoch nach *Stöcken,* wo wir gegenüber Haus 22 links ab in die Sackgasse gehen. Im Wald schwenkt der Weg in ein Bachtal ein und führt steil abwärts nach *Honrath,* wo eine Einbahnstraße erreicht wird.

Wer durchgehend weiter nach Hoffnungsthal geht, biegt hier nach rechts, ohne Markierung. Wenn die Straße hinter den Häusern nach links biegt, geht es geradeaus weiter auf ungeteerten Weg, Markierung Winkel (offene Seite in Gehrichtung) sowie X, durch die Bahnunterführung und weiter wie unten beschrieben.

Wanderer zum Bahnhof Honrath gehen nach links, weiter mit dem Winkel-Zeichen, vor dem Bahndamm rechts aufwärts und scharf links über die Bahn zum Bahnhof.

Vom Bahnhof aus geht man nach rechts, biegt in der Linkskurve der Straße rechts ab über die Bahn und gleich dahinter links, gegen die Einbahnstraße, Markierung Winkel (offene Seite in Gehrichtung) sowie X. Geradeaus durch den Talgrund und am jenseitigen Hang links ab auf ungeteerten Weg, unter der Bahn-

(© Ulrich Schnabel)

unterführung durch. Dahinter gehen wir links ab, Markierung jetzt nur noch Winkel 5. Der Weg biegt nach rechts und führt ein Bachtal aufwärts. Kurz bevor der Weg über den Bach führt, gehen wir scharf rechts hoch, steil in den Fichten aufwärts. Der Weg biegt wieder nach links. Am Ende des Waldes halten wir uns leicht rechts und gehen über die Wiesenkuppe. Wieder ein kurzes Stück durch den Wald biegen wir dann am Waldrand rechts wieder in den Wald ein, wo wir uns links halten. Am Ortsrand von *Eigen* über die Landstraße. Wir bleiben zunächst am Ortsrand und gehen dann bei Haus 51 halbrechts in den Wald, anfangs in Waldrandnähe bleibend. Wir kommen an einem Haus vorbei, biegen hier leicht rechts und gehen gerade abwärts durch den Wald. Der Weg führt schließlich mit zwei Kehren ins Tal. Mit einem Teerweg über den Bach scharf rechts durch einen Weiler und weiter aufwärts. Bei einem gelben Pfahl verlassen wir den Teerweg nach rechts und gehen wenige Meter später auf dem rechten Weg weiter, am oberen Wiesenrand entlang. Abwärts gelangen wir wieder nach *Hoffnungsthal,* wo wir auf die *Hofferhofer Straße* treffen. Über die Bahn geradeaus erreicht man wieder die *Rotdornallee.* Zum Parkplatz und zur Fortsetzung der Tour (Wanderer ab Honrath) geht es nach rechts, zum Bahnhof nach links.

# 21 Oberhalb der Großen Dhünntalsperre

**Ausgangspunkt für Autowanderer** Kürten, Parkmöglichkeiten am Rathaus und an der Kirche. Kürten wird am besten von der B 506 Bergisch Gladbach – Wipperfürth aus erreicht.
**Ausgangspunkt für ÖPNV-Wanderer** Kürten, Haltestellen Rathaus oder Kirche. Bus Bergisch Gladbach – Dürscheid / Bechen – Kürten – Wipperfürth.
**Tourenlänge** 17 Kilometer, mit Abkürzung 12 Kilometer.
**Wegzeit** 4,5 bzw. 3 Stunden.
**Höhenunterschiede** 340 Meter, mit Abkürzung 260 Meter.
**Wegmarkierungen** Kürten – Hommermühle Quadrat, Hommermühle – Unterossenbach A3, vor Müllenberg – vor Hutsherweg K im Kreis, Hutsherweg – Kürten teilweise A3.
**Wanderkarte** Freizeitkarte 1:50 000, Blatt 18 oder 19.
**Anmerkung** In Richerzhagen kann eine Schleife der Tour abgekürzt werden, Hinweis in der Tourenbeschreibung.
**Wissenswertes** Durch Täler, über aussichtsreiche Höhen, in Wäldern: diese Wanderung eröffnet nach jeder Biegung neue Eindrücke. Der Turm der *Kürtener Kirche* stammt noch aus romanischer Zeit. Zur *Großen Dhünntalsperre* siehe Tour 14.

**Tourenbeschreibung** Vom Rathaus gehen wir kurz rechts auf die *Wipperfürther Straße* und, wo die Straße nach Wermelskirchen abbiegt, scharf links ab auf den Weg *Am Hang* aufwärts. An seinem Ende rechts aufwärts in die Straße, vorbei an der Kirche, Markierung Quadrat. Beim Kreisverkehr gehen wir links in *Am Halfenberg* und sofort rechts auf den Weg *Hommermühle.* Im Talgrund durch die Mühlengebäude durch.

Gleich am Grundstücksende biegen wir scharf nach rechts, Markierung jetzt A3. Der Weg führt talaufwärts nach *Unterossenbach,* wo er bei einem Holzkreuz nach links schwenkt und nach einer Einmündung nach rechts biegt. Vor einem roten Ziegelhaus biegen wir scharf nach links, jetzt keine Markierung mehr. Wir steigen weiter an und kommen im Rechtsbogen zur B 506. Über die Bundesstraße hinweg Richtung *Oberossenbach* und der Linksbiegung des Teerwegs folgen, zwischen den Häusern durch (A2). Am höchsten Punkt biegen wir vor dem Wasserbehälter rechts ab (A2). Nach Waldeintritt gehen wir bei der Gabel auf dem linken Weg weiter, vorbei an blauen Pfählen. Bei Austritt aus dem Wald rechts auf Schotterweg, am Waldrand entlang abwärts. An der Waldspitze halblinks ins freie Gelände und den blauen und gelben Pfählen folgend nach *Richerzhagen.*

N
Engerfeld
Grünen-
bäumchen
Haussels
Forthausen
Schaffeld
Große Dhünntalsperre
Vorsperre Große Dhünn
Laudenberg
Sommerberg
Dhünnberg
Wolfsorth
Dörnchen
Dicke
Lindscheid
Langenstück
B 506
Morteln
Enkeln
Bömberg
Viersbach
Meißwinkel
Hutsherweg
Weiden
Winter-
schladen
Oberduhr
Eßbach
NSG
Burgheim
Siefen
Johannesberg
Häcken
Broch
Müllenberg
Richerzhagen
Eisenkaul
Ober-
stockberg
Unter-
Unter-
duhr
Busch
Meiers-
Gerhards-
berg
Kürtener Sülz
Forsten-
höhe
Eich-
holz
Ober-
ossenbach
Ober-
kalsbach
Kirche
Ahlen-
bachermühle
Rathaus
Kürten
K 20
Roden-
berg
Herrschertal
Hommer-
mühle
Bornen
Neschen
Landwehr
Großeheide
Knapp-
stockberg
Neuensaal
Höchsten
Wald-
Hägen
Olpe
Kochsfeld
Keffermich
Hau
Offermanns-
berg
0
1 km
Bechen
Altensaal
Hachenberg
mühle
Petersberg

Wir stoßen hier auf die von Bechen kommende Straße. Wer abkürzen will, biegt in diese Straße rechts ab. Ansonsten geht man geradeaus über die Straße hinweg auf die Straße nach *Müllenberg,* ab dem Waldrand mit der Markierung K im Kreis. Die Talsperre kommt erstmals in Sicht. An der Kreuzung rechts abwärts. Vor einem grünen Tor gehen wir rechts aufwärts auf einen Fußweg, den Zaun entlang. Steil durch einen Bacheinschnitt. Am Waldrand wieder steil abwärts, über einen Bach und bei einem weiteren grünen Tor auf den Fahrweg. Vor Erreichen von *Viersbach* links ab auf ungeteerten Weg und am Waldrand entlang. Schließlich biegt der Weg links in den Wald, steigt an und verläuft im Rechtsbogen über den Höhenrücken. An Einmündung eines Schotterwegs gehen wir geradeaus und bei der Verzweigung auf den rechten, oberen Weg (Markierung nicht zu erkennen). Vor dem Waldrand knickt der Weg steil abfallend nach links, folgt dann auf und ab dem Waldrand und mündet in eine Straße, auf der es links wieder nach *Richerzhagen* geht.

Am Wartehäuschen gehen wir links ab Richtung Eisenkaul (Wanderer auf der Abkürzung zweigen an der Straßengabel links ab Richtung Viersbach und dann am Wartehäuschen rechts), weiter mit dem K im Kreis. Bei Haus 4 gehen wir auf den linken, unteren Weg. Wir gehen über einen Bach, schwenken dahinter scharf rechts aufwärts und treffen auf eine ehemalige, durch die Talsperre gekappte Landstraße, in die wir scharf links einbiegen. Vor dem Tor biegen wir rechts ab und schwenken nach links. Über freies Gelände wird wieder der Waldrand erreicht. Schließlich wieder in den Wald und vor einem Schuppen links ab, im Wald bleibend. Steil abwärts mit scharfen Biegungen in ein Tal, zuletzt nur noch auf einem Pfad. Auf versumpftem Weg über den Bach und wieder aufwärts in den Wald. Wenn der Weg sich gabelt, links ab, wieder etwas abwärts. Über einen weiten Platz geht der Weg in einen Pfad über, der im Hang oberhalb der Talsperre verläuft. Der Weg verbreitert sich wieder, an der Gabel geht es auf den linken, abwärts führenden Weg. In Waldrandnähe geht es durch Ilex wieder aufwärts, wobei eine Kehre abgekürzt wird.

Beim Austritt aus dem Wald verlassen wir das K-Zeichen und gehen rechts auf dem Schotterweg mit Markierung A3 nach *Hutsherweg.* Rechts auf die B 506 und links ab auf den Weg *Bech/Winterschladen.* Im Tal gehen wir vorbei am Haus *Bech* über den Bach und steigen geradeaus auf dem Teerweg wieder an, das Zeichen A3 verlassend. Wir biegen links ab zum Hof *Winterschladen* (alte A3-Markierung). Geradeaus über das Hofgelände und aufwärts zum Wald. Links dem Waldrand folgen, an der Waldecke links abwärts. Vor einer Schutzhütte gehen wir im Rechtsbogen abwärts und treffen wieder auf das A3-Zeichen. Der Weg führt zurück nach *Kürten.* Geradeaus in die Neubausiedlung und links in den *Erlenweg.* Gegenüber Haus 5 biegen wir rechts abwärts in den alten Ortskern und treffen etwas oberhalb der Kirche wieder auf die Straße.

# 22 Südlich von Wipperfürth auf den Spuren alter Wallfahrer

**Ausgangspunkt für Autowanderer** Wipperfürth (B 237, B 506). Beste Parkmöglichkeiten im Bereich der Straßen Sonnenweg sowie Im Siebenborn. Agathaberg, Parkplatz an der Kirche. Agathaberg wird von der Landstraße Richtung Engelskirchen aus erreicht. Thier, Parkplatz an der Kirche. Thier wird von der Landstraße Richtung Kürten aus erreicht.
**Ausgangspunkt für ÖPNV-Wanderer** Wipperfürth Busbahnhof. Linien Remscheid-Lennep – Hückeswagen – Wipperfürth – Marienheide – Gummersbach (auch Schnellbus), Bergisch Gladbach – Bechen – Wipperfürth, Bergisch Gladbach – Kürten – Thier – Wipperfürth.
**Tourenlänge** 20 Kilometer, Teilstrecken siehe Anmerkung.
**Wegzeit** 5 Stunden, Teilstrecken siehe Anmerkung.
**Höhenunterschiede** 320 Meter. Wipperfürth – Thier 120 Meter, Thier – Wipperfürth 200 Meter.
**Wegmarkierungen** Wipperfürth – Fähnrichstüttem X28, Fähnrichstüttem – hinter Kaplansherweg Kreis, bis Abzweigung Buchholz zugleich X19, vor Grüterich – Wipperfürth Raute 9.
**Wanderkarte** Freizeitkarte 1:50 000, Blatt 19.
**Anmerkung** Mit Benutzung der Buslinie Bergisch Gladbach – Kürten – Thier – Wipperfürth läßt sich die Strecke in zwei Teilstrecken zurücklegen:
a) Wipperfürth – Thier, 9 Kilometer, Wegzeit 2,5 Stunden.
b) Thier – Wipperfürth, 10 Kilometer, Wegzeit 2,5 Stunden.
**Wissenswertes** *Wipperfürth* ist die älteste Stadt des Bergischen Landes (Stadtrecht 1217). Im hübschen Stadtkern ist nicht soviel an alter Bausubstanz erhalten wie im benachbarten Hückeswagen (Tour 16). Nach einem der zahlreichen, die Stadt verwüstenden Brände gelobten die Einwohner 1465 eine Wallfahrt nach Catania zum Grab der heiligen Agatha und errichteten nach ihrer Rückkehr die Kirche in *Agathaberg.* Die Innenausstattung aus dem 14.–16. Jahrhundert ist weitestgehend erhalten.

**Tourenbeschreibung** Vom Busbahnhof auf dem *Neumark*t aus überqueren wir Straße und Bach (Markierung Dreieck) und steigen neben Haus 10 leicht an, Markierung X. Am Ende der *Attendorner-Tor-Straße* gemäß den X-Zeichen rechts kurz hinab und links in *Gauler Höhe.* Über einen Fußgängerweg gehen wir am *Gaulbach* geradeaus auf die Straße *Brunsbachsmühle* und weiter auf dem *Sonnenweg,* hier Parkmöglichkeit. Es geht geradeaus in den Wald und bei der Verzweigung auf den unteren Weg, das *Gaulbachtal* weiter aufwärts. Wir durchqueren einen Seitentaleinschnitt. Bei einem Haus gehen wir rechts über den *Gaulbach*, über einen kleinen Seitenlauf und zwischen den Häusern nach

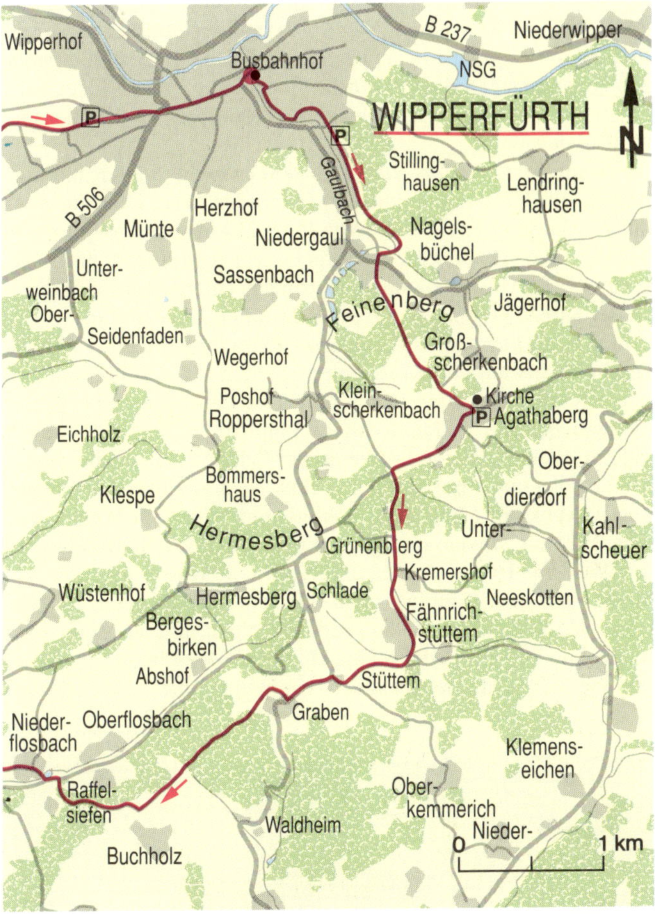


links zur Straße, die gekreuzt wird. Der *Agathaberger Weg* führt aufwärts nach *Agathaberg.* Vor der Kirche schwenken wir nach rechts und biegen vor Haus 21 rechts ab (Parkmöglichkeit). Entlang der Straße aus dem Ort Richtung Grünenberg. Am Waldrand biegen wir links ab in den Wald. Der Weg fällt, an einer Schutzhütte gehen wir geradeaus, kurz steil den Hang hoch und am höchsten Punkt geradeaus auf etwas verwachsenem Weg. Über einen Querweg hinweg abwärts zu einem Teerweg nach *Fähnrichstüttem.* Der Ort wird durchquert.

Dahinter gehen wir an der Verzweigung im Talgrund geradeaus weiter auf dem rechten Weg, das X28-Zeichen verlassend.

Wir gehen dann an der Einmündung im Rechtsbogen weiter, wieder mit einem X-Zeichen (Weg X19) und der Markierung Kreis. In *Stüttem* (Landhaus *Keller*) erreichen wir die Landstraße, in die wir links abbiegen nach *Graben.* Gegenüber Haus 3 biegen wir rechts ab. Ende der Teerdecke biegt der Weg nach links und führt in den Wald.

Eingangs des Weilers *Buchholz* geht es rechts weiter und kurz darauf auf den rechten, abwärts führenden Weg, jetzt nur noch mit Markierung Kreis. Der Weg führt abwärts in ein Tal, wo es links auf der Straße kurz weitergeht und dann rechts nach *Niederflosbach.* Aufwärts kommen wir nach Thier, wo wir geradeaus an der Kirche vorbeigehen (rechts Parkplatz und Bushalt).

Wer von *Thier* seinen Ausgangspunkt nimmt, biegt also an der Kirche rechts ab. Die Kreis-Zeichen leiten auf den Fußweg zwischen Kirche und Haus 3 hinunter. Am Landhaus *Orbach* über die *Kürtener Sülz* und links auf die Landstraße. Wir biegen rechts auf den Weg *Hof/Heid.* In Hof an der Schulbushaltestelle wenige Meter links und sofort wieder rechts. Nach dem Weiler schwenken wir links in einen Taleinschnitt und folgen im Wald einem eingekerbten Wasserlauf. Nach Eintritt in Fichten wendet sich der Weg mit Rechts-/Linkskurve von dem Wasserlauf weg. Wir bleiben auf dem Hauptweg und folgen weiter der Kreis-Markierung. Wir stoßen auf einen Teerweg, folgen ihm 50 Meter nach rechts und biegen wieder rechts ab. Diesen Weg benutzen wir bis zu einem Jagdsitz, wo es links abgeht über die Wiese abwärts

**Hückeswagen** (© Günter R. E. Richter)

nach *Oberschwarzen.* Hier knickt der Weg zunächst scharf nach rechts, dann nach links über den Hof, sofort vor Holzschuppen wieder rechts, darauf mit Kehre nach links und im Rechtsbogen an einem Steinkreuz vorbei. Schließlich biegt der Weg wieder nach links und führt über den Bach. Kurz vor einem kleinen Stausee biegen wir rechts ab auf ungeteerten Weg und am Waldrand wieder nach rechts. Im Wald schwenkt der Weg nach links und führt dann geradeaus aus dem Wald nach *Grüterich,* jetzt auch Markierung Raute.

**Herbstfärbung** (© Christina Garstecki)

Hier gehen wir rechts auf den Teerweg, im Linksbogen hoch und kommen vorbei am Hof *Herweg* zur B 506. Wir folgen ihr nach rechts und biegen bei *Kaplansherweg* wieder links ab. Am Waldrand biegen wir rechts ab und gehen auf unbefestigtem Weg abwärts in ein Tal. Wir überqueren den Bach und gehen im Wald am jenseitigen Talhang weiter. Der Weg bleibt links des Baches. Ende des Tales erreichen wir eine Kreuzung neben einer Fichten-Dickung.

Wir gehen rechts ab, nur noch mit dem Raute 9-Zeichen, nicht mehr mit der Kreis-Markierung. Aus dem Wald und an der versumpften Bachquelle vorbei auf schlechtem Weg durch die Weiden. Am Ende schwenken wir rechts auf einen Teerweg und gehen an der Gabel sofort nach links durch *Ritzenhaufe.* Dann kommen wir durch *Kleineichhölzchen* und gehen hier geradeaus weiter auf einen eingeschnittenen Weg, der sich nach *Wipperfürth* senkt. Auf der Straße *Im Siebenborn* (Parkmöglichkeit) kommen wir in die Stadt. Am Ende der Straße rechts halten auf die *Weststraße* und geradeaus über die *Gladbacher Straße* hinweg auf die *Hochstraße.* Diese führt durch das Stadtzentrum zum *Markt.* Hier gehen wir halbrechts weiter, über die *Gaulstraße* hinweg, neben dem Friseur-Salon durch eine Fußgängerunterführung hinab zum Busbahnhof.

# 23 Vom Volmetal zur Glörtalsperre

**Ausgangspunkt für Autowanderer** Schalksmühle, Parkplatz in der Worthstraße an der Bahnhofsrückseite. Schalksmühle liegt an der B 54 Hagen – Lüdenscheid-Brügge, nächster Autobahnanschluß Lüdenscheid-Nord (A 45). Weitere Parkmöglichkeiten: Parkplatz Krampenhammer im Hälvertal an der Landstraße Schalksmühle – Halver. Gebührenpflichtiger Parkplatz am Haus Glörtal an der Glörtalsperre, Stichstraße von der Landstraße Schalksmühle – Breckerfeld.
**Ausgangspunkt für ÖPNV-Wanderer** Bahnhof Schalksmühle. Dortmund-Märkische Eisenbahn – Dortmund – Hagen – Lüdenscheid.
**Tourenlänge** 15 Kilometer. **Wegzeit** 4 Stunden.
**Höhenunterschiede** 440 Meter.
**Wegmarkierungen** Schalksmühle – hinter Strücken X6, Strücken – Halverscheid Kreis, hinter Halverscheid – Glörtal H im Kreis, Hälvertal – Talsperre S im Kreis, Talsperre – Schalksmühle X20 und Dreieck.
**Wanderkarte** Freizeitkarte 1:50 000, Blatt 19 oder 20.
**Anmerkung** Wenn auch, wie in der Einleitung geschildert, kein unmittelbarer geographischer Unterschied zwischen Bergischem und Sauerland besteht, so spürt ihn doch der Wanderer. Denn je weiter man nach Osten kommt, desto höher werden die Berge und umso tiefer eingeschnitten sind die Täler, d.h. die Höhenunterschiede werden größer und die Wege steiler. Dies erleben wir auf unserer Wanderung, die gemäß unserer politischen Definition der bergischen Ostgrenze eigentlich nicht mehr dazugehört, aber wie gesagt, geographisch...

**Tourenbeschreibung** Vom rückwärtigen Bahnhofsausgang aus (von den Gleisen aus links) über den Parkplatz zur Straße hoch und dieser nach links folgen, Markierung X. Wir gehen geradeaus auf der *Worthstraße* und steigen links hinauf in den Wald. Wir stoßen auf die Kehre eines Weges, der aus dem Tal hochkommt und gehen mit der X6-Markierung wieder abwärts. Durch das *Volmetal* geht es nach *Strücken.* An der Straßengabel gehen wir rechts auf die obere Straße, jetzt auch mit dem Zeichen Kreis. Gegenüber Haus 41 (Wandertafel) gehen wir nach rechts steil aufwärts in den Wald und an der Gabel nach links.

Wenn der Weg in einen Seitentaleinschnitt schwenkt, verlassen wir das X-Zeichen und gehen mit der Kreis-Markierung geradeaus das Seitental hoch. Zweimal über den Bach und rechts in einen Querweg. Scharf links in den nächsten Weg und wieder ansteigen. Jenseits einer Hochspannungsschneise scharf nach links schwenken, wieder in den Bereich der Schneise. Der Weg mündet in einen Querweg, auf dem es links weiter geht. Weiter aufwärts gelangen wir nach *Halverscheid.*

Vor den Häusern gehen wir, die Markierung verlassend, scharf rechts auf den Teerweg am Rand des Weilers entlang. Der Weg mündet ein, wir gehen rechts weiter mit Markierung X. Neben den letzten Häusern rechts hinauf und scharf rechts ab, weiter mit dem X.

Am höchsten Punkt gehen wir auf dem linken Weg weiter, kurz ohne Markierungen, und stoßen auf das Zeichen H im Kreis, dem wir schon vorher begegnet sind und jetzt folgen. Wir gelangen über einen Wiesenstreifen und gehen an seinem Ende nicht sofort geradeaus in den Wald, sondern halten uns zunächst rechts ein Stück am Waldrand und gehen an zwei Gabelungen auf dem linken Weg weiter. 100 Meter nach der zweiten Gabel biegen wir links ab und gehen sehr steil durch die Fichten hinunter, neben einem Zaun her. Wir stoßen auf die Kehre eines Waldfahrwegs, auf dem es abwärts weiter geht zur Landstraße im *Hälvertal* (Parkplatz). Wir folgen der Straße nach links talaufwärts. Nach einem Werksgelände biegen wir rechts ab über den Fluß. Rechts neben Garagen nehmen wir einen Trampelpfad in den Wald, gehen steil aufwärts die Böschung hoch und rechts mit einem aufsteigenden, breiteren Pfad. Über einen kleinen Platz, links im Hang weiter steil ansteigen und einen breiteren Weg schräg kreuzen.

Ab hier begleitet uns neben dem H auch das S im Kreis. An der Verzweigung geht es links aufwärts weiter und scharf links in den nächsten Querweg, der in einen Waldfahrweg mündet, auf dem es links weiter geht. Dann im scharfen Rechtsbogen auf

einen Querweg, weiterhin ansteigend. Am Waldrand biegen wir scharf nach rechts und kurz darauf rechts wieder in den Wald hinein. Wieder am Waldrand halten wir uns zunächst links, biegen dann nach rechts, passieren noch ein kleines Waldstück und kommen mit schöner Aussicht zum Anwesen *Herberge*. Hier scharf links auf den Teerweg und zur Straße. Diese kreuzen und an Gabel sofort dahinter rechts abwärts. Der Weg mündet in einen breiten Teerweg, auf dem es links weiter geht. Der Weg führt mit einer Kehre ins *Glörtal*, hinter einem eingezäunten Teichgelände rechts über den Bach und links talabwärts.

An einer Verzweigung gehen wir geradeaus weiter, diesseits des Baches bleibend, jetzt nur noch mit dem S, nicht mehr mit H. Weiter das Tal abwärts erreichen wir schließlich die Talsperre und gehen an ihr entlang bis zum Damm. Jenseits des Dammes liegt das Haus *Glörtal* (gebührenpflichtiger Parkplatz).

Neben dem Damm gehen wir wenige Schritte geradeaus weiter, nicht mehr S im Kreis, sondern Markierung X20 und Dreieck, und scharf rechts im Hang hoch auf einen Pfad, Wegweiser Reeswinkel. Rechts auf einen Waldfahrweg, nach wenigen Metern scharf links und gleich wieder rechts. An einem Haus gehen wir am Teerwegende geradeaus und am Waldrand links abwärts in die Straße. Im *Schalksmühler* Ortsteil *Reeswinkel* gehen wir rechts ab in *Unterm Ried.* Hinter Haus 10 verlassen wir die Straße scharf rechts hinab auf einen schmalen Fußweg. Unten gehen wir im Linksbogen über die durch den Talgrund führende Straße hinweg auf die *Viktoriastraße.* Am Ende der Straße links abwärts, dann beschreiben wir oberhalb der Bahn einen scharfen Rechtsbogen, gehen links über eine Treppe hinab und geradeaus in die *Bahnhofstraße.* Vor der Bahnunterführung rechts hinauf auf der *Worthstraße* zum Ausgangspunkt.

## 24 Über den Wienhagen zur Lingesetalsperre

**Ausgangspunkt für Autowanderer** Rönsahl an der B 237 Wipperfürth – Kierspe (B 54), Parkmöglichkeit im Bereich der Kirche. Weiterer Parkplatz: Dürenerhaus im Zuge der B 237 Richtung Kierspe.
**Ausgangspunkt für ÖPNV-Wanderer** Schmitzwipper. Bus Remscheid-Lennep – Wipperfürth – Schmitzwipper – Marienheide – Gummersbach (auch Schnellbus).
**Tourenlänge** 13 Kilometer. **Wegzeit** 3 Stunden.
**Höhenunterschiede** 160 Meter.
**Wegmarkierungen** Rönsahl – vor Dürenerhaus X19, vor Dürenerhaus – Talsperre X9, Talsperre – Rönsahl X3. Zugang Schmitzwipper X9.
**Wanderkarte** Freizeitkarte 1:50 000, Blatt 19 oder 20.
**Wissenswertes** Ohne große Aufstiege über die hier schon recht hochgelegene, etwas karge oberbergische Landschaft. Die in jüngster Zeit sanierte Lingesetalsperre wurde 1899 erbaut.

**Tourenbeschreibung** In Rönsahl vor dem Gasthaus *Zur Post* mit Markierung X19 in die *Kirchstraße* Richtung Glietenberg und halbrechts auf den *Haarhauser Weg.* Am Waldrand gehen wir rechts nach *Haarhausen.* Auf dem Teerweg in die Häusergruppe und am Bushalt nach links. Wir gehen neben einem Hof aufwärts und am Ende des Hofgeländes, wenn der Pflasterweg nach rechts schwenkt, geradeaus die Talsenke hoch. Über den Bach und aufwärts zum Wald, in den wir rechts hineingehen. Am jenseitigen Waldrand passieren wir eine Schranke und schwenken rechts auf einen Querweg ein. Wieder am Waldrand gehen wir kurz rechts und links auf einen Querweg, rechts ein Rastplatz. Über einen Bach wieder in den Wald aufwärts zu einer Schutzhütte. Hier biegen wir rechts ab und steigen noch etwas an. Wir erreichen eine Kreuzung (links kurzer Abstecher zum Aussichtsturm auf dem *Wienhagen*) und gehen geradeaus weiter. An einer weiteren Schutzhütte rechts auf freies Feld und wenige Meter später auf den linken Weg. An einem schmalen Waldstreifen gabelt sich der Weg.

Wir gehen auf dem rechten Weg weiter und wechseln dabei von der X19- auf die X9-Markierung. Vor der B 237 gehen wir links über den Parkplatz und dann rechts über die Bundesstraße hinweg auf den Fahrweg Richtung Talsperre. Wir kommen durch den Weiler *Düren,* ein Stück durch Wald und dann nach *Benninghausen.* Am Ende des Weilers gehen wir geradeaus weiter auf unbefestigtem Weg in die Felder und geradeaus in den Wald. Schräg über einen Querweg und durch einen Kahlschlag. Oberhalb der *Lingesetalsperre* geht es rechts auf einem Schotterweg weiter. Der Weg steigt zum Damm hin im Hang an und fällt dann wieder. Kurz bevor ein Haus erreicht wird, biegen wir am Wald-

rand scharf rechts ab, jetzt mit Markierung X3, nicht mehr X9, und gehen auf unbefestigtem Weg neben den Fichten hoch.

ÖPNV-Wanderer biegen unweit der Haltestelle *Schmitzwipper* an der B 256 in die *Seehaus-Straße* Richtung Lingeser See, Markierung X9. Abwärts in den Weiler und links halten *(Zum Waldfrieden)*. Über die *Lingese*, dann rechts. Vorbei an *Haus Waldfrieden* auf den linken, ansteigenden Teerweg und kurz darauf, noch bevor der Talsperrendamm erreicht wird, am Waldrand links auf den unbefestigten Weg hoch (X3).

Im Wald geht der Pfad in einen ausgebauten Weg über, wir gehen geradeaus weiter bis zum Ende des Weges, wo wir uns rechts auf den Querweg halten. Am höchsten Punkt geht es nach einem Linksknick geradeaus weiter und abwärts nach *Rönsahl,* wobei kurz vorher der ausgebaute Weg, der nach rechts schwenkt, verlassen wird. Am Ortsrand links in den *Immanuel-Kant-Weg* und rechts abwärts auf den *SGV-Weg.* Querstraße kreuzen und bei Industriebetrieben vor dem Fluß *Rönsahl* links ab. Dann rechts über den Fluß und aufwärts zur Bundesstraße, auf der man links wieder das Gasthaus *Zur Post* erreicht.

# 25 Von Lindlar um den Hölzer Kopf

**Ausgangspunkt für Autowanderer** Lindlar. Nächster Autobahnanschluß: Engelskirchen der A 4. Beste Parkmöglichkeit im Zuge der Wanderung am Busbahnhof (nicht freitags, Wochenmarkt) und am Schulzentrum.
**Ausgangspunkt für ÖPNV-Wanderer** Lindlar, Busbahnhof. Schnellbus Köln – Bensberg – Immekeppel – Lindlar, Busse Bergisch Gladbach – Immekeppel – Lindlar, Wipperfürth – Lindlar – Engelskirchen, Gummersbach – Lindlar.
**Tourenlänge** 11 Kilometer. **Wegzeit** 3 Stunden.
**Höhenunterschiede** 180 Meter.
**Wegmarkierungen** Lindlar – Unterheiligenhoven A3, Lindlar – Oberschümmerich zusätzlich Balken, Oberschümmerich – Holz zusätzlich X11a und L im Kreis, Holz – Unterheiligenhoven zusätzlich Quadrat, Unterheiligenhoven – Lindlar A1.
**Wanderkarte** Freizeitkarte 1:50 000, Blatt 19.
**Wissenswertes** Auf reizvoller Strecke über den Höhenrücken zwischen den Tälern des Lennefer Bachs und der Agger. Zahlreiche Kapellchen, Wegkreuze und Bildstöcke in der Umgebung von *Lindlar* zeugen von der Frömmigkeit der Bevölkerung im

katholischen Teil des Bergischen Landes. Das 1109 erstmals erwähnte Lindlar ist eine der ältesten Siedlungen im Bergischen. Von den drei Burgen Unter-, Mittel- und *Oberheiligenhoven* finden wir von der letzten noch ein Herrenhaus aus dem 18. Jh.

**Tourenbeschreibung** Vom Busbahnhof über die Verkehrsstraße auf die kleine Straße *Mühlenseite,* Markierung A3 und Balken sowie JH (Fußweg zur Jugendherberge). Über eine Treppe geradeaus hoch auf die Straße *Am Langen Hahn.* Dann rechts auf den *Schwalben-* und links auf den *Lerchenweg.* Zwischen Haus 12 und 14 gehen wir rechts hoch zur Jugendherberge. Links auf den Teerweg und hinter der Herberge rechts mit den Zeichen A3 und Balken abwärts ins Tal. In *Böhl* geradeaus auf den *Herbergsweg.* Am Ende des Weges biegen wir nach rechts und links in die *Schützenstraße.* Über den Bach, aufwärts auf *Im Wiesengrund* und am Ortsende rechts ab. Der Weg führt nach *Oberschümmerich,* am Ende des Weilers gehen wir links aufwärts.

Nähe Waldrand am höchsten Punkt geradeaus abwärts, Markierung weiter A3 sowie L im Kreis und X, nicht mehr Balken. An Gabel kurz nach Waldeintritt geradeaus, kurz darauf links auf den schmäleren Weg. Am Ende des Weges rechts auf breiteren Weg. Wenn dieser sich gabelt, gehen wir rechts aufwärts, wobei die bisherige Richtung in etwa beibehalten wird. Der Weg verengt sich und biegt nach rechts. Wir kommen über den Höhenrücken, rechts schöne Aussicht über Lindlar. An der Waldecke geradeaus wieder in den Wald und kurz darauf an der Gabel rechts. Der Weg bleibt auf der Höhe. Nach einem Rechtsknick gehen wir an der Verzweigung nach links. Am höchsten Punkt biegt der Weg nach links, wir befinden uns auf dem *Hölzer Kopf.* Vor den Fichten schwenken wir rechts in einen Querweg ein. In Waldrandnähe fällt der Weg stärker, wir schwenken scharf nach rechts. Vorbei an der *Holzer Alm* (kein Gasthaus) kommen wir nach *Holz.*

**Freizeitpark Lindlar** (© Gemeinde Lindlar)

Wir gehen geradeaus weiter, Markierung weiterhin A3, nicht mehr L und X. Nach *Holz* biegen wir links ab in den nächsten Weg, Markierung auch Quadrat. Vor einem Grundstück gehen wir nach rechts und dann zwischen den Häusern links in den Wald. Der Weg führt abwärts, am Waldrand geht es scharf nach rechts. Wir biegen scharf links in einen breitenTeerweg ein und gehen talabwärts. Dann geht es rechts nach *Unterheiligenhoven* (nicht mehr Quadrat). Bei einem Hof gehen wir links auf den ungeteerten Weg und über den Bach zu einem Kapellchen.

Davor biegen wir nach links, Wegweiser Freizeitpark, Markierung jetzt A1, nicht mehr A3. Wir gehen das Tal des *Lennefer*

*Bachs* aufwärts und kommen schließlich oberhalb des Schlosses *Oberheiligenhoven* vorbei. Nach Waldaustritt gehen wir geradeaus in den Freizeitpark und orientieren uns auf die Kirche von *Lindlar* zu. Wir passieren das Schulzentrum und gehen am Ende des Parkplatzes geradeaus auf die *Ludwig-Jahn-Straße.* An ihrem Ende rechts auf der Verkehrsstraße zurück zum Busbahnhof.

## 26 Durch die Wälder südlich von Engelskirchen

**Ausgangspunkt für Autowanderer** Engelskirchen liegt an der B 55 Köln – Olpe, Autobahnanschluß der A 4. Beste Parkmöglichkeit im Rahmen dieser Tour am Bahnhof sowie an der B 55 Richtung Olpe hinter dem Bahnübergang am Rathaus.
**Ausgangspunkt für ÖPNV-Wanderer** Bahnhof Engelskirchen. DB-Strecke Köln – Overath – Gummersbach.
**Tourenlänge** 18 Kilometer. **Wegzeit** 4,5 Stunden.
**Höhenunterschiede** 300 Meter.
**Wegmarkierungen** Engelskirchen – Loope Winkel 9, vor Schalken – nach Verr Winkel 12, im Wald zwischen Verr und Engelskirchen X28.
**Wanderkarte** Freizeitkarte 1:50 000, Blatt 19.
**Anmerkung** Zwar sind mehr als ein Drittel des Bergischen Landes mit Wald bedeckt, große zusammenhängende Waldgebiete finden sich jedoch nicht so häufig. Eines davon ist der Wald, der sich südlich der Agger zwischen Engelskirchen und Drabenderhöhe erstreckt, und den wir in einer weiten Schleife durchwandern.

**Tourenbeschreibung** Vom Bahnhofsvorplatz links auf die B 55, über die *Leppe* und weiter auf der *Bergischen Straße.* An Ampelkreuzung biegen wir links in die *Steeger Straße,* kreuzen die Bahn und gehen über die *Agger.* Hinter der Brücke biegen wir rechts auf die Straße *Aggerufer.* Wir kommen am *Franz-Schubert-*Denkmal vorbei und knicken am Ende links auf die *Lindenpfuhlstraße.* Wenn diese nach links knickt, biegen wir vor einer Schlosserei nach rechts, Markierung Winkel (offene Seite in Gehrichtung). Der Weg führt an der aufgestauten *Agger* entlang durch den Hang. Schließlich passieren wir das Stauwehr mit einem E-Werk und kommen nach *Loope.*

Am Ende des *Schiffarther Wegs* verlassen wir das Winkel-Zeichen und biegen nach links (A6). Wir gehen rechts in *Auf der*

*Insel,* über den Seitenbach und dann nach rechts (nicht mehr A6). Zwischen den Häusern knickt die Straße nach links, und gleich danach biegen wir vor dem Steinkreuz links aufwärts. Der Weg steigt zwischen den Häusern an und führt unter der Autobahnbrücke durch. Gleich dahinter geht es rechts steil hoch und links in die Häuser. Ende des Weges *Looper Berg* links in die Straße *Oberschelmerath,* die dann nach rechts knickt und weiter aufwärts Richtung Lorkenhöhe nach *Vordersteimel* führt. Hier gehen wir bei den ersten Häusern an einem Holzkreuz links ab und steigen weiter an. Zwischen den Häusern schwenkt der Weg nach rechts, und neben Baumpflanzungen gehen wir an der Kreuzung geradeaus. Der Weg gabelt sich am Waldrand, wir gehen auf den rechten, ansteigenden Weg, kurz darauf nach Waldeintritt auf den linken, ansteigenden Weg und an der dritten Gabel schließlich auf den linken, unteren Weg. Dieser Weg steigt noch etwas an und mündet an der Waldecke in einen Querweg.

Auf diesem gehen wir links weiter, Markierung Winkel, nach *Schalken.* Hier knickt der Weg als Teerweg nach rechts. In diesem Rechtsknick biegen wir links ab auf einen anfangs eingeschnittenen Weg, die Markierung, die im weiteren Verlauf über ein schwer passierbares Wegstück leitet, ein Stück verlassend.

Der Weg gabelt sich, wir gehen auf dem rechten Weg weiter, der nach einer weiten Rechtskurve links in den Wald schwenkt. Noch etwas ansteigend führt der Weg zum Waldrand. Bevor wir diesen erreichen, biegen wir rechts ab auf einen wieder etwas abwärts führenden Weg. Zunächst ein kurzes Stück parallel zum Waldrand schwenkt der Weg dann nach links und führt aus dem Wald, hier trifft man wieder auf die Winkel-Markierung.

Der Weg verläuft etwas eingeschnitten über freies Feld und dann wieder in den Wald, wo wir einige sumpfige Stellen umgehen müssen. Wenn der Weg sich gabelt, gehen wir links weiter zu einem Waldfahrweg, auf dem es links weiter geht. Wir kommen durch die *Silberkuhle* (altes Bergbaugelände) und gehen hier geradeaus, leicht ansteigend, dann an einer Gabel auf den rechten Weg, der einen weiten Linksbogen beschreibt und schließlich aus dem Wald nach *Büddelhagen* führt. Durch den Weiler und an der Fahrweggabel links weiter nach *Verr.* Am Ortseingang links ab und rechts, vorbei am Haus *Wald-Eck.* Am Ende von *Verr* geradeaus auf unbefestigten Weg, vorbei an einem Rastplatz mit altem Brunnen. Mit einer Linkskurve durch eine Bachsenke. Vor einem grünen Umspannhäuschen gabelt sich der Weg.

Wir gehen geradeaus weiter auf dem linken Weg. Das Winkel-Zeichen wird jetzt verlassen. Der Weg bleibt im Bachtal. Am Waldrand gehen wir geradeaus das Tal hinunter. Der Weg mün-

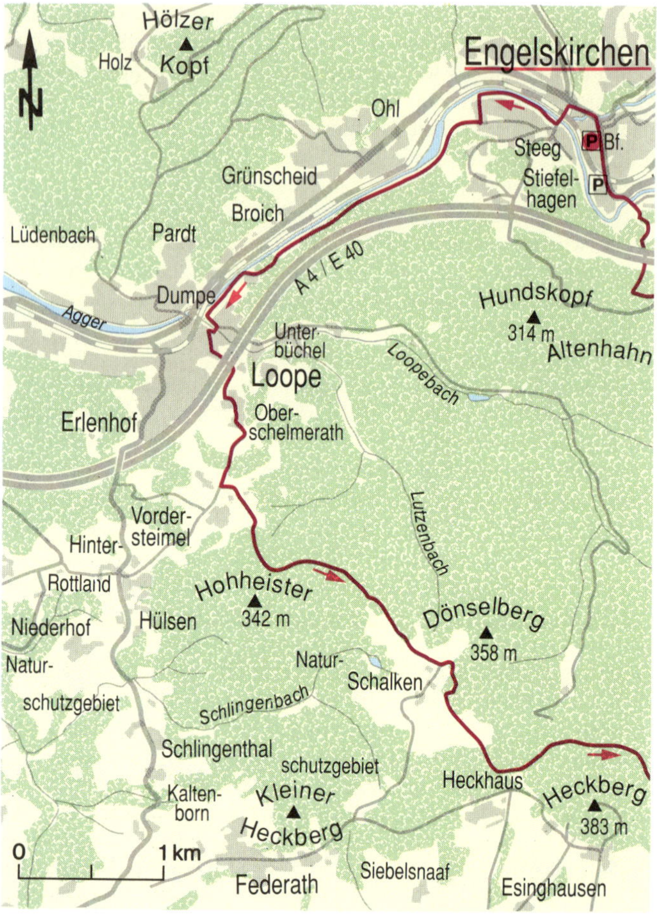


det neben dem Bach in einen festen Weg, auf dem es geradeaus weiter im Hang steil aufwärts geht.

Unterhalb eines grünen Zauns schwenken wir nach links, jetzt mit Markierung X. Der Weg führt durch den Hang und dann ansteigend oberhalb einer Schutzhütte vorbei. Nach Passieren der Höhe gabelt sich der Weg bei einer roten Bank. Wir gehen auf den linken, unbefestigten Weg abwärts. Wir kommen an einem Waldacker entlang, der Weg wird steiler und führt durch den Hang eines tiefen Bacheinschnitts. An zwei Einmündungen geradeaus (auch Winkel-Zeichen). Wir lassen dann die Markierungen außer acht, die rechts hinunter führen, und bleiben auf

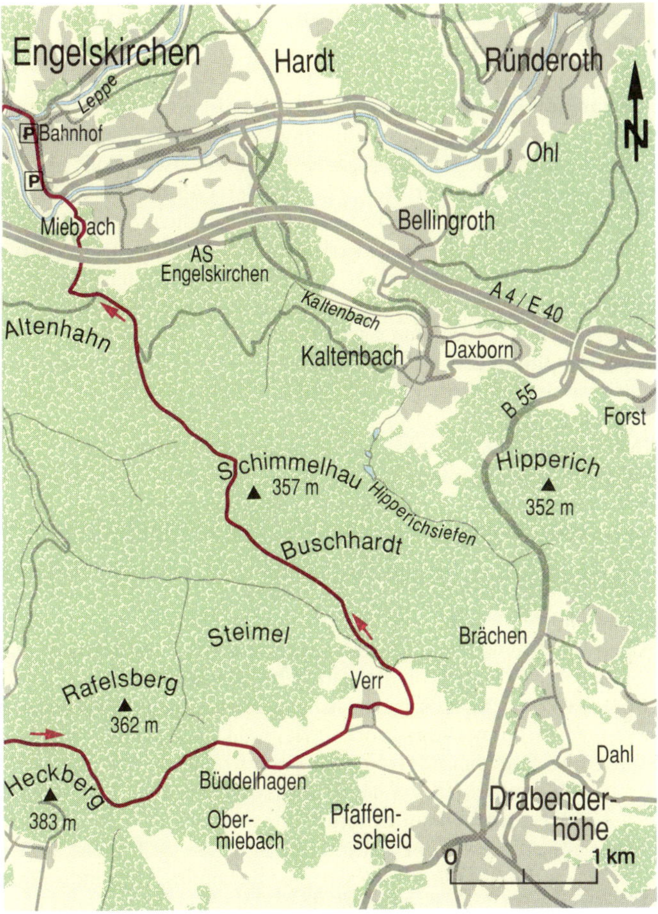


dem oberen, breiten Weg. Der Weg senkt sich zu einer Kreuzung. Wir gehen geradeaus abwärts, jetzt wieder mit den X- und Winkel-Zeichen, auf den *Quellenweg*.

Wir biegen in den nächsten Weg rechts ab *(Brückenweg)*, die Markierungen endgültig verlassend. Steil abwärts kommen wir unter der Autobahnbrücke hindurch und schwenken rechts auf einen Teerweg ein. Am Siedlungsende von *Miebach* biegen wir nach links und rechts auf einen Querweg. Der Weg führt über die *Agger* wieder zur B 55, auf der man nach *Engelskirchen* hinein geht. Vorbei am Rathaus in einer ehemaligen Fabrik und über die Bahn kommt man wieder zum Bahnhofsvorplatz.

# 27 Über die Höhen beiderseits der Agger

**Ausgangspunkt für Autowanderer** Engelskirchen liegt an der B 55 Köln – Olpe, Autobahnanschluß der A 4. Beste Parkmöglichkeit im Rahmen dieser Tour am Bahnhof sowie großer Parkplatz am Feckelsberger Weg, der von der Landstraße Richtung Wipperfürth abzweigt. Weitere Ausgangsmöglichkeit in Ründeroth (B 55 Richtung Olpe), Parkplatz am Bahnhof. Diese Wanderung kann auch unmittelbar vom Autobahnparkplatz der A 4, Fahrtrichtung Köln, zwischen den Anschlüssen Bielstein und Engelskirchen, angetreten werden.
**Ausgangspunkt für ÖPNV-Wanderer** Bahnhof Engelskirchen und Bahnhof Ründeroth. DB-Strecke Köln – Overath – Gummersbach.
**Tourenlänge** 16 Kilometer, bis Ründeroth 10 Kilometer.
**Wegzeit** 4 bzw. 2,5 Stunden.
**Höhenunterschiede** 480 Meter, bis Ründeroth 380 Meter.
**Wegmarkierungen** Engelskirchen – Ründeroth Winkel 9, anfangs zusätzlich X28, im Bereich Kaltenbach zusätzlich Raute 2, Ründeroth – Schnellenbach volle Raute.
**Wanderkarte** Freizeitkarte 1:50 000, Blatt 19.
**Anmerkung** Wer die Strecke verkürzen will, wandert nur bis Ründeroth und fährt von hier mit Bahn oder Bus zurück.
**Wissenswertes** Das Aggertal ist zwischen Overath und Gummersbach eine wichtige Verkehrsleitlinie. Autobahn, Bundesstraße und Eisenbahn folgen dem Fluß, so daß, wer Ruhe sucht, auf die Höhen beiderseits des Tals ausweichen muß. Die Mühen des Aufstiegs werden bei klarem Wetter mit einer phantastischen Rundsicht von der *Hohen Warte* belohnt. Das zu Engelskirchen gehörende *Ründeroth* bietet ein ansprechendes Ortsbild, allerdings durchtost vom Verkehr der B 55. Die *Aggertalhöhle* ist eine Tropfsteinhöhle, die sich im Kalkstein gebildet hat. Die geologischen Formationen liegen hier besonders gut offen (geöffnet Mitte März–Ende Oktober Do–So).

**Tourenbeschreibung** Vom Bahnhofsvorplatz in *Engelskirchen* links auf die B 55, über die *Leppe* und weiter auf der *Bergischen Straße.* An Ampelkreuzung biegen wir links in die *Steeger Straße,* kreuzen die Bahn, überqueren die *Agger,* gehen rechts in die *Lindenpfuhlstraße* über und sofort scharf links aufwärts in die Straße *Steeger Berg,* Markierung X28 und Winkel 9. Hinter Haus 4 gehen wir rechts steil hoch in den Wald. Am Waldrand nach rechts, weiter aufwärts. Zwischen den Häusern von *Stiefelhagen*

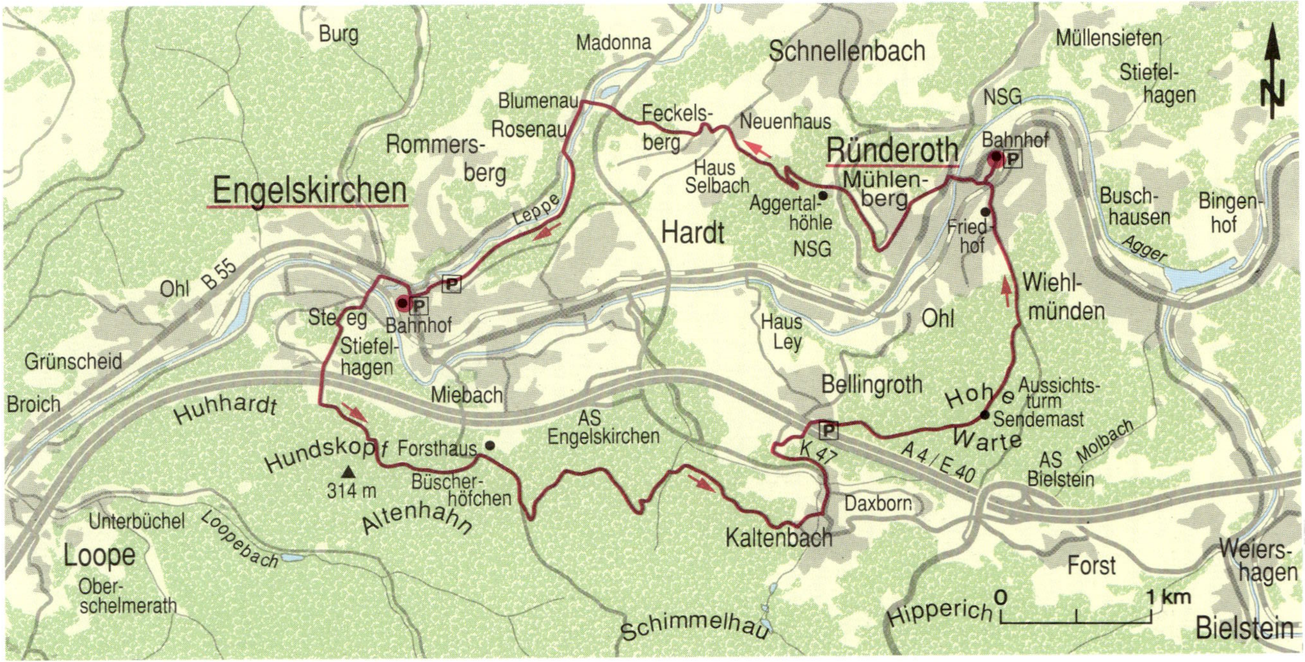
Burg
Madonna
Schnellenbach
Müllensiefen
Stiefel-
hagen
NSG
Blumenau
Rosenau
Feckels-
berg
Neuenhaus
Rommers-
berg
Ründeroth
Bahnhof
Mühlen-
berg
Haus
Selbach
Aggertal-
höhle
NSG
Busch-
hausen
Bingen-
hof
Agger
Engelskirchen
Leppe
Hardt
Fried-
hof
Ohl
B 55
Wiehl-
münden
Ste eg
Bahnhof
Stiefel-
hagen
Haus
Ley
Ohl
Grünscheid
Bellingroth
Aussichts-
turm
Hohe
Sendemast
Warte
Miebach
Broich
Huhhardt
AS
Engelskirchen
K 47
A 4 / E 40
Molbach
AS
Bielstein
Hundskopf
Forsthaus
314 m
Büscher-
höfchen
Daxborn
Altenhahn
Kaltenbach
Unterbüchel
Loopebach
Loope
Ober-
schelmerath
Forst
Weiers-
hagen
Hipperich
0
1 km
Schimmelhau
Bielstein

geradeaus weiter hoch. Kurz hinter dem letzten Haus gehen wir rechts hoch auf den Fußweg und überqueren die Autobahn. Am Brückenende gehen wir geradeaus aufwärts in den Wald. Zwei Gabeln folgen kurz aufeinander, wir nehmen jeweils den linken Weg und kommen zu einem Sendemast.

Wir verlassen jetzt für ein Stück die Markierungen und gehen rechts aufwärts durch den Kahlschlag weiter. Nach einer Einmündung schwenkt der Weg nach rechts und verzweigt sich dann an einer Schutzhütte. Wir gehen auf den linken Weg, abwärts durch den Hang und an einer Einmündung geradeaus. Der Weg schwenkt nach links zu einer Kreuzung am Waldrand. Wir treffen wieder auf die Markierungen, beachten sie jedoch nicht, sondern gehen rechts ab auf den *Kastanienweg,* der im Wald bleibt. Die markierten Routen münden in diesen Weg später ein, kurz darauf gabelt sich der Weg.

Wir gehen geradeaus weiter auf dem linken Weg, jetzt nur noch mit den Winkel-Zeichen, nicht mehr X. Der Weg schwenkt scharf links durch einen Taleinschnitt und verläuft weiter durch den Hang. An einem Wegetreff im Rechtsbogen geradeaus kommen wir zu einer Schutzhütte, wir gehen geradeaus auf den *Schnepfenweg* und biegen später im scharfen Linksbogen abwärts. Kurz darauf biegen wir wieder scharf nach rechts auf den *Hollensiefenweg,* der ein Bachtal steil abwärts führt.

Dann biegen wir scharf nach rechts über den Bach, auch Markierung Raute, und steigen im Linksbogen wieder an. Der Weg führt nach *Kaltenbach.* Geradeaus an Grillhütte und Ehrenmal vorbei, genau geradeaus liegt die Hohe Warte mit dem Sendemast, zu der wir dann aufsteigen. Über den Bach und links in die Verkehrsstraße, am Ortsende rechts ab auf die aufwärts führende Straße Richtung Ründeroth. Nach einer scharfen Rechtskurve verlassen wir die Straße nach rechts und biegen kurz darauf am Waldrand nach links. Wir kommen an einem Ehrenmal vorbei und über die Autobahn. Hinter der Brücke schwenkt der Weg nach rechts und führt neben den Autobahnparkplatz (Ausgangspunkt für Autowanderer, im Zaun ist eine Tür).

Wenn der Weg sich gabelt, gehen wir auf den linken, aufwärts führenden Weg, weiter mit dem Winkel-Zeichen, nicht mehr Raute. An einer weiteren Gabel ebenfalls links aufwärts (Markierung fehlt) und auf die *Hohe Warte,* Aussichtsturm. Geradeaus an Turm und Sendeanlage vorbei gehen wir zusehends steiler wieder abwärts. An einem Unterstand biegen wir links auf den querenden Waldfahrweg (neben Winkel 9 auch Winkel 12, die X9-Zeichen nicht beachten), der steil abwärts nach *Ründeroth* führt. Wir kommen schließlich neben dem Friedhof sehr steil zur

**»Schwarz-Weiß-Grün« – die Kennfarben des Bergischen Hauses**
(© Günter R. E. Richter)

Bahn hinunter und gehen über die Gleise. Wer zum Bahnhof will, geht dahinter nach rechts.

Zur Fortsetzung der Tour hinter den Gleisen links ab (Markierung X9) und nach rechts durch ein Tor zur B 55. Vor der Kirche links in die Bundesstraße und über die *Agger.* Wir folgen der Linksbiegung der Straße (kein X mehr) und gehen neben der *Brückenschänke* rechts aufwärts in *Am Mühlenberg,* Markierung volle Raute (Wegweiser Zur Höhle). Die Straße steigt steil an, und wir biegen links in die *Goethestraße* ab, das Rautenzeichen ein Stück verlassend. Am Waldrand biegt die Straße nach rechts und dann gehen wir geradeaus auf Schotterweg in den Wald, wo man wieder auf die Markierung trifft. Der Weg verläuft ein Stück am Waldrand und gabelt sich. Wir gehen auf dem linken Pfad, abwärts durch den Wald, ins Tal des *Walbachs.* Wir überqueren linksknickend die Straße und kommen zur *Aggertalhöhle.* Wir gehen geradeaus hoch in den Wald, links neben einem kleinen Bacheinschnitt. Der Weg beschreibt zwei Kehren und führt an den Waldrand. Am höchsten Punkt gehen wir an der Waldecke halbrechts weiter und erreichen den Ortsrand von *Schnellenbach.*

Wir verlassen die Rautenmarkierung, überqueren die Straße und gehen abwärts nach *Feckelsberg.* An der Abzweigung zu Haus 9 rechts ab und scharf nach links biegen, weiter abwärts. Gegenüber Haus 13 rechts ab auf den für allgemeinen Verkehr gesperrten Weg. Der Weg führt ein hier beginnendes Tal abwärts. Unter einem Straßendamm durch kommen wir ins *Leppetal* nach *Blumenau.* Wir gehen über den Fluß und auf der Straße nach links. Genau gegenüber der Tankstelle geht es halblinks ab auf einen Fußweg und auf schmalem Steg über die *Leppe.* Talabwärts erreichen wir *Engelskirchen,* wo ein großer Parkplatz passiert wird (Ausgangspunkt für Autowanderer). Geradeaus den *Feckelsberger Weg* kreuzend auf *Im Grengel.* Wir gehen geradeaus in den Fußgängerbereich, neben *Kaha*-Markt und weiter geradeaus genau auf den Bahnhof zu. Wanderer von anderen Ausgangspunkten biegen rechts auf die B 55 ab.

# 28 Vom Kirchdorf auf der Höhe zum Wasserschloß im Tal

**Ausgangspunkt für Autowanderer** Vilkerath liegt an der B 55, von Overath unweit Richtung Olpe. Autobahnanschluß Overath der A 4. Parkmöglichkeit in Ortsmitte an der Ampelkreuzung sowie großer Wanderparkplatz an der Agger. Ehreshoven liegt an Stück weiter an der B 55 Richtung Olpe, Parken am Schloß.
**Ausgangspunkt für ÖPNV-Wanderer** Vilkerath oder Ehreshoven. Bus Overath – Engelskirchen – Gummersbach (keine Bahnhaltepunkte).
**Tourenlänge** 12 Kilometer, Teilstrecken siehe Anmerkung.
**Wegzeit** 3 Stunden, Teilstrecken siehe Anmerkung.
**Höhenunterschiede** 300 Meter. Vilkerath – Ehreshoven 160 Meter, Ehreshoven – Vilkerath 140 Meter.
**Wegmarkierungen** Vilkerath – Hohkeppel Winkel 13, Hohkeppel – Abzweigung Alemich X29, Abzweigung Alemich – Vilkerath Winkel 5.
**Wanderkarte** Freizeitkarte 1:50 000, Blatt 19.
**Anmerkung** Mit Benutzung der angegebenen Buslinie läßt sich die Tour in zwei Teilstrecken zurücklegen:
a) von Vilkerath über Hohkeppel nach Ehreshoven, 5 Kilometer, 1,5 Stunden.
b) von Ehreshoven über das NSG Schlingenbachtal nach Vilkerath, 7 Kilometer, 2 Stunden.
**Wissenswertes** Wieder eine Wanderung mit großen Kontrasten. Das auf der Höhe liegende *Hohkeppel,* urkundlich bereits 958 erwähnt, bietet eines der schönsten Dorfbilder des Bergischen Landes. Die 700jährigen Linden an der Kirche sind ebenso alt wie diese, der Turm stammt noch aus romanischer Zeit, und das ganze ist umgeben von stattlichen Fachwerkhäusern. Im Agger-

tal liegt *Schloß Ehreshoven.* Die Anlage, wie sie heute Bestand hat, stammt aus dem 17. Jahrhundert und umfaßt das dreiflügelige Herrenhaus, eine Vorburg und einen französischen Garten. Leider ist die Anlage nicht öffentlich zugänglich, bei offenem Zugang kann man einen Blick hineinwerfen (siehe Tourenbeschreibung). Vom Schloß wandern wir dann über den Höhenrücken in das liebliche Naturschutzgebiet des *Schlingenbachs,* der wieder der Agger zufließt.

**Tourenbeschreibung** Von *Vilkerath* Ortsmitte aus geht man auf der B 55 Richtung Gummersbach, Markierung Winkel 13 (offene Seite in Gehrichtung), und links in die schmale Straße *Steinhaus.* Am Verkehrsspiegel biegen wir rechts ab. Der Weg führt aufwärts nach *Oberhasbach.* Dahinter biegen wir links auf einen unbefestigten Weg ab, der am Waldrand oder in seiner Nähe abwärts führt. An einer Einmündung geradeaus und kurz darauf rechts ab über zwei Bäche. Dann gehen wir rechts, den Einschnitt des zweiten Baches hoch und aufwärts nach *Hohkeppel.*

Kurz oberhalb der Kirche biegen wir rechts ab, Markierung jetzt X29 (sowie X11a und Winkel 9), das Winkel 13-Zeichen wird verlassen. Wir gehen aus dem Ort Richtung Wüstenhof, an Gabel bei Haus *Wilhelmshöhe* auf dem rechten Weg weiter und

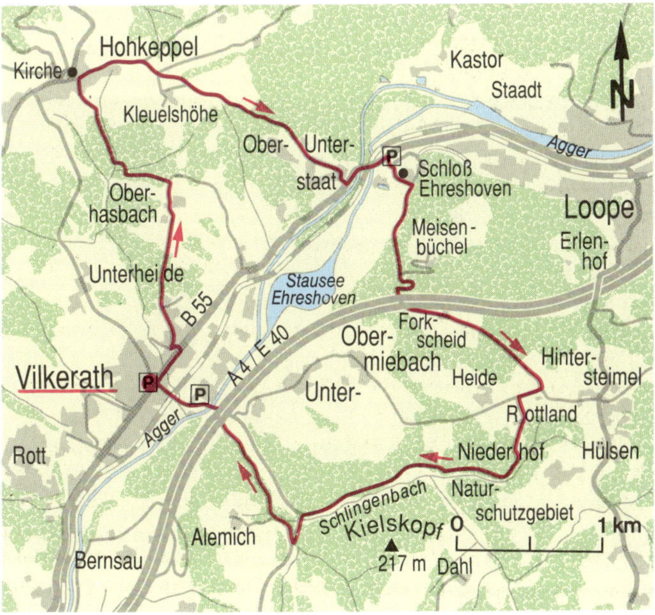

an Kreuzung bei *Kleuelshöhe* geradeaus auf den Weg *Oberstaat,* Markierung nur noch X29. Der Weg führt wieder hinunter ins *Aggertal,* wobei wir das Cafe *Bergische Schweiz* passieren und durch *Ober-* und *Unterstaat* kommen. Dahinter gehen wir am Ortsausgangsschild im Rechtsknick der Straße geradeaus auf einen schmalen Pfad, der zur B 55 hinunterführt. Ihr folgen wir nach links, über *Agger* und Bahn, nach *Ehreshoven.*

Die Markierung bleibt an der Straße (Bushaltestelle) und führt um das Schloß herum. Man geht jedoch besser rechts auf die Einfahrt zum Schloß (Parkplatz). Vor dem Schloß biegen wir nach rechts (wenn der Zugang geöffnet ist, kann man einen Blick in die Anlage werfen) und schwenken dann links um das Schloß. Am Waldrand gehen wir nach rechts, jetzt wieder mit der X-Markierung, und kommen an Kreuzwegstationen entlang. Der Weg schwenkt in ein Seitental ein und gabelt sich. Wir gehen rechts über den Bach und aufwärts. Wir kommen unter der Autobahn hindurch und passieren den Hof *Forkscheid.* Ein Stück durch Wald biegen wir dann im freien Feld auf der Höhe rechts ab auf den Weg *Rottland* und links in den nächsten Weg, der ebenfalls *Rottland* heißt. Ausgangs der Häuser schwenkt der Weg nach rechts und führt mit zwei Kehren in ein Bachtal hinunter. Wir gehen talabwärts und am Waldrand rechts auf einen Querweg, wobei wir das naturgeschützte *Schlingenbachtal* erreichen. Weiter durch dieses Tal kommen wir zu einer Straße, mit der wir links über den *Schlingenbach* und einen Seitenbach gehen.

**Wandern bei Gummersbach** (© Stadt Gummersbach)

Am jenseitigen Talhang gehen wir nach rechts, auf den Weg *Alemich,* nicht mehr mit dem X-Zeichen, sondern mit Markierung Winkel (sowie A3+4+5). Wir verlassen den Weg in einer Linksbiegung rechts auf einen Pfad, der steil hinab führt. Über einen kleinen Bach und dann das *Schlingenbachtal* weiter abwärts. Wir gehen schließlich unter der Autobahnbrücke geradeaus über den *Schlingenbach* wieder zur Straße, auf der wir links über die *Agger* nach *Vilkerath* kommen. Rechts liegt ein großer Wanderparkplatz. Unter der Bahn durch kommen wir zur Ortsmitte. Zur Fortsetzung der Wanderung geht man an der Ampelkreuzung nach rechts.

# 29 Beiderseits der oberen Agger

**Ausgangspunkt für Autowanderer** Die besten Parkmöglichkeiten findet man im zu Gummersbach gehörenden Derschlag (B 55 Richtung Olpe) am Busbahnhof (Theodor-Braeucker-Platz) sowie im Stadtteil Bernberg im Bereich Kastanienstraße. In Niederseßmar im Bereich der Wanderstrecke nur eingeschränkte Parkmöglichkeit.

**Ausgangspunkt für ÖPNV-Wanderer** Gummersbach-Derschlag, Busbahnhof und Gummersbach-Niederseßmar, Haltestellen Gummersbacher Straße oder Post. Linien Gummersbach – Niederseßmar – Derschlag – Bergneustadt – Olpe, Gummersbach – Niederseßmar – Dieringhausen – Overath / Waldbröl, Gummersbach – Derschlag – Waldbröl.

**Tourenlänge** 14 bzw. 8 Kilometer.

**Wegzeit** 3,5 bzw. 2 Stunden.

**Höhenunterschiede** 300 Meter. Bis Niederseßmar 140 Meter.

**Wegmarkierungen** Derschlag – Hochbehälter bei Merkausen Raute 2, bis hinter Aussichtsturm zugleich Raute 3, Hochbehälter – Ortsrand Bernberg X11.

**Wanderkarte** Freizeitkarte 1:50 000, Blatt 19 oder 20.

**Anmerkung** Wer nur eine kürzere Wanderung machen will, geht bis Niederseßmar und fährt mit dem Bus zurück.

**Wissenswertes** Die drei durchwanderten Orte Bernberg, Derschlag und Niederseßmar gehören zu Gummersbach. Die 50 000 Einwohner zählende Stadt, 1109 erstmals erwähnt, ist das Zentrum des Oberbergischen Landes. Was die Stadt vielen anderen dieser Größenordnung voraus hat: sobald man nur die letzte Bebauung hinter sich gelassen hat, befindet man sich in der reizvollsten Landschaft (siehe auch Tour 30).

**Tourenbeschreibung** Vom *Derschlager* Busbahnhof aus geht man nach links in die *Olper Straße* (B 55) und rechts in die *Eckenhagener Straße,* Markierung Raute 2+3. Geradeaus über *Dörspe* und Bahngleis. Die Straße mündet in die Umgehungsstraße, die wir überqueren auf die Straße *Am Baeuweg.* Über die *Steinagger* biegt der Weg nach links und steigt rechtsbiegend kräftig zum Wald an. An der Orientierungstafel gehen wir geradeaus auf ungeteerten Weg (Markierung auf dem Boden). Der Weg mündet in einen Waldfahrweg, auf dem es 50 Meter rechts weiter geht und dann links ab auf den schmäleren Weg. Auf diesem Weg bleiben. Wir steigen kräftig an und kommen zu einem Waldfahrweg (links Abstecher zum Aussichtsturm. Dieser kann zwar nicht bestiegen werden, jedoch auch vom Fuß des Turms schöne Aussicht). Über den Fahrweg hinweg auf einem Pfad aufwärts zu einem weiteren Fahrweg, auf dem es rechts weiter geht. Wenn dieser Weg sich gabelt, trennen sich die Markierungen.

Wir gehen rechts mit Raute 2 weiter. Wir passieren eine Schutzhütte und kreuzen eine Gasleitungsschneise. Wir bleiben auf dem Weg, bis wir schließlich eine Kuppe mit einem freien Platz erreichen. Hier gehen wir halbrechts auf einen unbefestigten Weg weiter. Dieser kreuzt schräg einen neu angelegten Weg (keine Markierung), dann schwenken wir scharf nach links und wieder nach rechts. Abermals wird ein neu angelegter Weg gekreuzt und der erste neue Weg wieder erreicht, in den wir ohne Zeichen links einbiegen. Kurz darauf gabelt der Weg sich, wir gehen rechts weiter und treffen wieder auf Markierungen. Nach einer Sitzbank schwenken wir halbrechts. Auch dieser Weg ist neu ausgebaut. Im vorgenannten Bereich wird die Führung des Wanderweges bei Überarbeitung der Markierung möglicherweise geändert. Folgen Sie den Rauten-Zeichen! Am Waldrand gehen wir geradeaus, biegen nach rechts und sofort wieder links. Wir kommen zu einem Hochbehälter. Der Fahrweg biegt hier mit der Rauten-Markierung nach links.

Wir gehen jedoch geradeaus weiter auf unbefestigten, schmäleren Weg. Der Weg mündet in einen breiteren ein, wir gehen geradeaus abwärts zu einem Umspanner (eiserner Wegweiser).

Es geht geradeaus Richtung Krummenohl, Markierung X. Wir passieren einen Sendemast und gehen unter der Hochspannungsleitung auf dem rechten Weg zu einem weiteren Mast. Wieder in der Schneise gehen wir geradeaus abwärts, vorbei an einem Jagdsitz. Neben einem Leitungsmast biegt der Weg nach rechts in den Birkenwald. Dann steil abwärts auf Schotterweg und über Querweg hinweg zur Straße, die schräg gekreuzt wird auf einen Pfad.

Steinen-
brück
Brunsberg
Hesselbach
Dümmling-
hausen
Stentenberg
BERGNEUSTADT
N
GUMMERSBACH
Bernberg
Agger
Kloster
Galgen-
berg
Mittel-
stebecke
Kalteneich
Sessing-
hausen
Dörspe
B 256
Börnchen
Rospebach
Nieder-
seßmar
Busbahnhof
Balden-
berg
Mühle
Rebbelroth
B 55
Derschlag
Aussichts-
turm
Steinagger
Hundswald
NSG
B 256
Ahlefeld
Agger
Friedrichs-
tal
Zimmerseifen
Bleiberg
Ersbach
Wasser-
behälter
Fahrenberg
0
1 km
Vollmer-
hausen
Remmels-
ohl
Merkausen
Alpe
Dorn
Allenbach

Unterhalb der Straße durch den Hang. Dann nach links und in Waldrandnähe sehr steil abwärts. Scharf rechts wieder in den Wald. An der *Agger* links und über das Bahngleis nach *Niederseßmar.* Hier mündet Weg X11a in unseren Weg X11. Wir gehen rechts zur Aggerbrücke hin und biegen vor der *Agger* links ab der X11a-Markierung nach (X11 wird ein Stück verlassen). Dann auf der Fußgängerbrücke über den Fluß und zur B 55.

Diese gehen wir nach rechts (die X-Zeichen werden verlassen) und dann an der Ampelkreuzung nach links auf die *Gummersbacher Straße* (zur Bushaltestelle Post, Rückfahrt Derschlag, weiter auf der B 55). Wir biegen vor der Apotheke rechts in die *Sonnenstraße.* Wir steigen an und biegen links in die *Hohbeulstraße,* jetzt wieder Markierung X. Nach 100 Metern biegen wir gegenüber Haus 3 rechts ab, eine Treppe aufwärts. Die X-Zeichen leiten über verschiedene Treppenwege die Wohnsiedlung hoch. Wir gehen schließlich über die höchst gelegene Wohnstraße und biegen neben einem Platz scharf links auf einem Schotterweg zum Wald hoch. Der Weg führt aufwärts durch den Wald nach *Bernberg,* wobei die Markierung den Schotterweg zwischendurch kurz rechts verläßt. Man bleibt jedoch einfacher auf dem Weg. Wir erreichen den oberen Ortsrand an einem Ehrenmal.

Wir verlassen die links abzweigende X11-Markierung und gehen rechts hinunter in den Ort. An der Abzweigung der *Teichstraße* geradeaus und an zwei Gabeln kurz nach dem großen Fachwerkhaus jeweils links auf *Im Inken.* Auf der Verkehrsstraße links und rechts in die *Kastanienstraße* (alte Markierung Dreieck). Die Straße führt aufwärts durch Wohngebiet. Wenn links die *Fichtenstraße* abzweigt, gehen wir halbrechts aufwärts auf *Kastanienstraße 74.* Der Fahrweg führt Richtung Derschlag (alte Dreieck-Zeichen). Am höchsten Punkt biegen wir halblinks ab auf einen unbefestigten Weg. Der Weg schwenkt nach rechts und beginnt zu fallen. Am Hochbehälter biegen wir links ab und gehen an einem gelben Pfahl vorbei geradeaus abwärts in den Wald (nicht rechts auf die Wiese schwenken). Der Pfad steigt im Wald ab und mündet in einen Hangweg, auf dem es weiter abwärts geht. Dann gehen wir scharf rechts in einen querenden Weg. Am Ortsrand von *Kalteneich* gabelt sich der Weg. Wir bleiben im Wald und gehen auf dem linken, unteren Weg weiter. Kurz darauf biegen wir an der Einmündung unterhalb des Waldrands scharf links ab und gehen weiter abwärts. Der Weg beschreibt eine weite Rechtskehre und führt abwärts nach *Derschlag.* Wir biegen rechts in die Verkehrsstraße ein, die wir nach der Bushaltestelle halblinks abbiegend gegen eine Einbahnstraße verlassen und gehen über die *Agger* zum Busbahnhof.

# 30 Um Agger- und Genkeltalsperre

**Ausgangspunkt für Autowanderer** Meinerzhagen-Heed, Wanderparkplatz am Waldrand oberhalb des Weilers. Der Weg nach Heed zweigt ca. 2 Kilometer südlich von Meinerzhagen (A 45) von der Landstraße Richtung Aggertalsperre – Bergneustadt / Gummersbach ab. Parkplatz am Aggertalsperrendamm an der Landstraße Bergneustadt – Meinerzhagen (A 4, Ausfahrt Reichshof/Bergneustadt). Parkplatz an der Landstraße Lantenbach – Dannenberg – Müllenbach an der Abzweigung zum Unnenberg.
**Ausgangspunkt für ÖPNV-Wanderer** Haltestellen Unnenberg Abzweigung (Gummersbach-Lantenbach) oder Deitenbach, Linie Gummersbach – Lieberhausen (– Pernze / Piene).
**Tourenlänge** 21 Kilometer, Teilstrecken siehe Anmerkung.
**Wegzeit** 5,5 Stunden, Teilstrecken siehe Anmerkung.
**Höhenunterschiede** 440 Meter. Lantenbach – Deitenbach 300 Meter, Deitenbach – Lantenbach 140 Meter.
**Wegmarkierungen** Aggerdamm – Lantenbach – Unnenberg X3, Unnenberg – Heed X11, Heed – Aggerdamm Winkel 4.
**Wanderkarte** Freizeitkarte 1:50 000, Blatt 19 oder 20.
**Anmerkung** Mit Benutzung der angegebenen Buslinie läßt sich die Tour in zwei Teilstrecken zurücklegen:
a) von Lantenbach nach Deitenbach (um die Genkeltalsperre) 13 Kilometer, 3,5 Stunden.
b) von Deitenbach nach Lantenbach (um die Aggertalsperre) 8 Kilometer, 2 Stunden.
Autowanderer kürzen entsprechend mit dem Bus Deitenbach – Lantenbach oder umgekehrt ab.
**Wissenswertes** Wir lernen nicht nur zwei Talsperren kennen, die auf Grund ihrer landschaftlichen Lage sicher zu den schönsten im Bergischen Land gezählt werden müssen; wir besteigen auch den höchsten bergischen Berg. Der Unnenberg, 506 Meter hoch, gewährt mit seinem 22 Meter hohen Turm bei klarem Wetter eine 60 Kilometer weite Aussicht. Deitenbach und Lantenbach gehören zu Gummersbach, siehe Tour 29.

**Tourenbeschreibung** Die Beschreibung beginnt in *Gummersbach-Lantenbach.* Von der Bushaltestelle *Unnenberg Abzweigung* aus geht man auf die Straße *In der Lantemicke* Richtung Unnenberg und biegt sofort scharf rechts hoch in die Sackgasse, Markierung X3. Der Weg biegt nach links und steigt durch offenes Gelände kräftig nach *Unnenberg.* Am oberen Ortsrand gehen wir geradeaus auf der *Dannenberger Straße* leicht abwärts wieder in den Ort. Hinter dem Gasthaus gehen wir rechts ab in die Straße *Zur Linge* und steigen weiter an.

An der Straßengabel gehen wir nach rechts, neben X3 jetzt auch X11. Am Waldrand gehen wir halbrechts hoch auf einen dunklen Pfad zwischen den Fichten und steigen steil zum Gipfel des *Unnenbergs* hoch. Hier halten wir uns rechts, zwischen Turm und Gaststätte hindurch und gehen geradeaus auf breitem Teerweg zur Zufahrtsstraße, der wir abwärts zur Landstraße Unnenberg – Dannenberg folgen (Wanderparkplatz, Ausgangspunkt für Autowanderer). Die Markierungen trennen sich.

Wir überqueren geradeaus die Landstraße mit Markierung X11 und passieren eine rote Schranke. An der Wegegabel auf den rechten, unteren Weg, der hinab zur *Genkeltalsperre* führt, wo wir links auf dem Uferweg weitergehen. Wir kommen um eine Ausbuchtung der Talsperre und biegen später an der *Vorsperre Listringhausen* links auf den Querweg. Am Ende der Sperre rechts auf Teerweg und am Pumpwerk rechts weiter. Wir biegen rechts in den nächsten, ungeteerten Weg ab, der am Waldrand zu einem Teich führt. Davor biegen wir links ab auf einen schmalen Pfad, der um den Teich herumführt und nach rechts in die Fichten schwenkt. Wir überqueren einen Bach und halten uns am jenseitigen Hang links, einen Zaun entlang. Wir kommen aufwärts zum Waldrand, wo wir zunächst scharf rechts wieder in den Wald einbiegen (zuvor Sperrung der alten Wegführung) und dann scharf links nach *Heed.* Der Weiler bleibt rechts unterhalb liegen.

Am Bushäuschen gehen wir nach rechts auf den Querweg, Markierung jetzt Winkel 4. Wir bleiben geradeaus auf dem Teerweg (Wanderparkplatz, Ausgangspunkt für Autowanderer) und gehen dann bei der Verzweigung am Waldrand auf den linken Weg *(Erlerweg)* vorbei an der *Hexeneiche.* Wir gehen auf dem Schotterweg durch den Wald, bis wieder der Waldrand erreicht wird. Jetzt biegen wir spitzwinklig links ab und gehen auf schmälerem Weg am Waldrand entlang. An Gabelung neben dem Anwesen *(Helberg)* gehen wir links hinunter und an der Waldecke ebenfalls links zum jenseitigen Waldrand. Kurz bevor der Weg in den Wald eintritt, biegen wir rechts in den Wald ein. Der Weg verläuft durch den Hang des *Aggerhomert* und führt abwärts vorbei an einem Sendemast nach *Deitenbach.* Vor den ersten Grundstücken biegen wir rechts ab auf unbefestigten Weg (Markierung nicht sofort zu erkennen) und gehen oberhalb des Ortsrandes abwärts. Schließlich im Ort links zur Verkehrsstraße (Bushalt, Ausgangspunkt für ÖPNV-Wanderer).

Wir gehen weiter mit den Winkel 4-Zeichen auf der Straße rechts Richtung Gummersbach und biegen links ab nach *Bruch* über den Damm des *Brucher Sees* (Vorsperre der Aggertalsperre). An der Straßengabel rechts auf die Straße *Im Bruch* und ein Tal hoch. Wir bleiben auf dem Teerweg, der mit einer Linkskehre wieder zu den Häusern schwenkt, wo wir rechts kurz steil aufwärts gehen und kurz vor dem nächsten Haus rechts hoch auf unbefestigten Weg. Der Weg steigt im Wald an zu einem ausgebauten Hangweg, dem wir links 50 Meter folgen und dann rechts hoch auf einen schmalen Pfad. Wir steigen in der bisherigen Richtung weiter im Hang an, gehen am höchsten Punkt links in einen Waldfahrweg und erreichen kurz darauf eine Schutzhütte. Wir gehen nach rechts auf den unteren Weg hinunter und beschreiben somit eine Kehre. Wir kommen durch ein Seitental abwärts ins *Rengsetal,* dem wir rechts talabwärts weiter folgen und gehen dann links über den Vorsperrendamm und rechts die *Aggertalsperre* entlang.

**Auf saftigen Weiden im Bergischen Land** (© Hans-Volker Pahl)

Wir erreichen den Talsperrendamm (Parkplatz, Ausgangspunkt für Autowanderer) und gehen rechts mit der Straße über den Damm, Markierung X3. Beim Hotel weiter auf der Straße und vor dem Imbiß links ab, steil aufwärts in den Wald. Rechts in Querweg, der aufwärts nach *Lantenbach* führt. Wir kommen neben einem Wasserwerk aus dem Wald und biegen rechts in den Ort. Wir biegen scharf links hinunter in den *Steinweg* und unten rechts in die *Frömmersbacher Straße.* Wenn diese sich gabelt gehen wir links aufwärts unter der Umgehungsstraße hindurch. Zur Fortsetzung der Wanderung biegt man nach der Unterführung rechts über die Straße hinweg, aufwärts in die Sackgasse, weiter wie oben beschrieben.

# 31 Auf Höhenwegen zum Kirchdorf auf dem Burgberg

**Ausgangspunkt für Autowanderer** Bergneustadt-Wiedenest an der B 55 Gummersbach – Olpe, nächster Autobahnanschluß Drolshagen-Wegeringhausen, beste Parkmöglichkeit im Rahmen der Tour auf dem Parkplatz in der Sülemickestraße hinter der Bahnunterführung, die über die Bahnhofstraße erreicht wird. Drolshagen-Wegeringhausen am Treffpunkt von B 54 und 55, Parkmöglichkeit an der Bundesstraße. Belmicke wird von der B 54/55 in Hützemert abzweigend erreicht, Parkplatz an der Kirche.
**Ausgangspunkt für ÖPNV-Wanderer** Wiedenest, Haltestelle In der Bockemühle und Wegeringhausen. Bus Gummersbach – Bergneustadt – Wiedenest – Wegeringhausen – Drolshagen – Olpe.
**Tourenlänge** 17 Kilometer, Teilstrecken siehe Anmerkung.
**Wegzeit** 4,5 Stunden, Teilstrecken siehe Anmerkung.
**Höhenunterschiede** 380 Meter. Wiedenest – Wegeringhausen 300 Meter, Wegeringhausen – Wiedenest 80 Meter.
**Wegmarkierungen** Wiedenest – Straße Pernze-Niederrengse X19, Beulberg – Flugplatz Raute 2, Flugplatz – hinter Feldmannshof Raute 3, Beulberg – vor Wegeringhausen teilweise zugleich X3, abwärts nach Wiedenest X19.
**Wanderkarte** Freizeitkarte 1:50 000, Blatt 19 oder 20.
**Anmerkung** Mit Benutzung der angegebenen Buslinie läßt sich die Tour in zwei Teilstrecken zurücklegen:
a) Wiedenest – Wegeringhausen 9 Kilometer, 2,5 Stunden.
b) Wegeringhausen – Wiedenest 8 Kilometer, 2 Stunden.
**Wissenswertes** Das zu Bergneustadt gehörende *Wiedenest* hat abseits unserer Wanderstrecke an der B 55 Richtung Olpe eine Sehenswürdigkeit zu bieten. Die Kirche gehört zu den »Bonten Kerken« des Oberbergischen Landes. Diese sind auf Grund ihrer farbenprächtigen Ausmalung, die im 15. Jahrhundert in den alten romanischen Gotteshäusern entstanden war, so benannt worden. Reformatorischer Eifer ließ die Bilder später unter Tünche verschwinden; heute sind sie wieder freigelegt. Das schönste Beispiel findet man in Lieberhausen etwa 5 Kilometer nördlich. Die Häuser von *Belmicke* scharen sich um die auf einem alten Burghügel liegende Kirche.

**Tourenbeschreibung** In *Wiedenest* geht man von der B 55 nahe der Haltestelle *In der Bockemühle* in die gleichnamige Straße, Markierung X19. Wir gehen über die *Dörspe* und biegen mit der Straße *In der Bockemühle* scharf rechts hoch. Dann geht es

Bleche
Schlade
A 45 / E 41
AS
Drolshagen-
Wegeringhausen
Köbbing
hausen
Rosenthal-
seifen
Feriendorf
Nieder-
rengse
Lande-
platz
Wahlert
Schlenke
Germing-
hausen
B 54
Auf dem Dümpel
L 173
Höh
Grünental
Essing-
hausen
Pernze
Bus
Wegering-
hausen
Sendschotten
B 55
Arstein
Beulberg
Heisterberg
480 m
Dörspe
Löwe
Hardt
Wörde
Petersberg
472 m
K 8
B 55
Hützemert
Attenbach
B 54
Siebring-
hausen
Feldmanns-
hof
Herrnscheid
Wiedenest
Belmicke
Sportplatz
In der
Bockemühle
Berg-
neustadt
Hof
Zwerstall
DROLSHAGEN
Gipperich
0
1 km
Stupperhof
Freischlade
Benolpe
Altenothe
Sohl

scharf links auf dem *Hartemicker Weg* aufwärts in den Wald und hier an Gabel links. Nach einer Schutzhütte gehen wir geradeaus hoch und an zwei Gabeln rechts aufwärts, dann an einer Kreuzung geradeaus (X-Zeichen fehlt). Schließlich stoßen die Markierungen X3 und Raute 2 dazu. Am Waldrand fällt der Weg wieder und führt als Teerweg hinunter zur Straße.

Wir kreuzen die Straße, gehen im Linksbogen wieder hoch, bleiben auf dem Teerweg und kommen kurz darauf zu einer Wegetrennung. Wir gehen geradeaus hoch auf dem mittleren Weg, Markierung nur noch Raute, nicht mehr X (Zeichen auf dem Boden). Auf ungeteertem Weg passieren wir eine Schutzhütte und gehen in den Wald. Bei einer Sitzbank biegen wir nach rechts. Am höchsten Punkt trift man am Rand eines Flugfelds auf einen breiten Teerweg, auf dem es geradeaus weitergeht.

Wir behalten die Rautenmarkierung bei, wobei wir von Wegnummer 2 auf 3 wechseln, und erreichen die Siedlung *Auf dem Dümpel.* Das X3-Zeichen stößt wieder dazu. In einer Senke gabelt sich die Straße, wir gehen rechts weiter und kreuzen dann die B 54, auf ungeteertem Weg weiter. Geradeaus in den Wald. Am höchsten Punkt mit der Rauten-Markierung nach rechts Richtung Wegeringhausen. Kurz am Waldrand biegen wir bei einer Sitzbank rechts ab, beschreiben einen Linksbogen und erreichen abwärts geradeaus *Wegeringhausen,* wo wir uns rechts zur *Kölner Straße* (B 54/55) halten (Parkmöglichkeit, links Bushalt).

Jenseits der *Kölner Straße* gehen wir aufwärts in die Straße *Am Sessenhahn,* weiter mit dem Raute 3-Zeichen. Die Straße führt aus dem Ort Richtung Belmicke und wird links auf einen Teerweg verlassen. Dieser führt ein Tal abwärts. Wir kreuzen eine Straße und biegen in den nächsten Weg rechts ab nach *Feldmannshof.* Hinter dem Bushäuschen gehen wir rechts aufwärts *(Zum Buchenwald).* An der Waldecke gehen wir rechts hoch auf nicht genau festgelegtem Weg, unmittelbar am Waldrand oder in seiner Nähe. Kräftig ansteigend bleiben wir links eines kleinen Bacheinschnitts. Wir behalten die Richtung in etwa bei, verlassen den Wald und kommen zu einem Sportplatz.

Wir gehen geradeaus weiter auf *Belmicke* zu, wobei die Rauten-Markierung jetzt verlassen wird. Vor dem Ort kreuzen wir rechtsknickend eine Straße. Kurz darauf gehen wir am unteren Friedhofsende links auf der Straße *An der Burg* (A2,3) zur Kirche hoch (Parkmöglichkeit). Unmittelbar davor halten wir uns links (A1,3,4) und folgen dieser Markierung den Kirchhügel hinunter, halten uns unten dann scharf links und am Verkehrsspiegel rechts. Die Verkehrsstraße kreuzend gehen wir geradeaus auf die *Petersbergstraße* und sofort links in den *Zwerstaller Weg* (A1,3,4).

Wir bleiben geradeaus auf dem Teerweg (A3), passieren den Hof *Zwerstall* und gehen am Waldrand rechts (kein A-Zeichen) und kurz darauf weiter auf dem rechten, oberen Weg. Am Waldrand gehen wir geradeaus (A4) und folgen dem mit Lampen versehenen Weg, an Gabel auf dem linken, unteren Weg. Nach Lampe 30 gehen wir halblinks abwärts (A4) und wenige Meter darauf geradeaus, Markierung X.

Die X-Zeichen leiten über den schönen Waldweg, der sich zum Pfad verengt und zusehends abwärts führt. Vor einem Fichtenschlag biegen wir nach rechts und treffen auf einen Waldfahrweg, der kurz links hinunter führt und bei einer Schutzhütte in eine Straße mündet. Dieser folgen wir rechts abwärts, im Tal mit einer Linkskehre, nach *Wiedenest.* Unter der Bahnunterführung durch (davor neuer Parkplatz) in den Ort. Wenn rechts die *Bahnhofstraße* abzweigt, biegen wir links ab und kommen zur B 55.

# 32 Um den Wohlsberg oberhalb von Wiehl

**Ausgangspunkt für Autowanderer** Wiehl, Ausfahrt Gummersbach der A 4. Parken an der Bergischen Achsenfabrik bei Abzweigung Richtung Drosselhardt/Oberholzen.
**Ausgangspunkt für ÖPNV-Wanderer** Wiehl, Haltestellen Achsenfabrik oder Rathaus. Rathaus liegt abseits der Wanderroute, wird jedoch häufiger angefahren. Linie Gummersbach – Dieringhausen – Wiehl – Brüchermühle / Nümbrecht – Waldbröl. Achsenfabrik wird nur von den über Brüchermühle verkehrenden Kursen bedient!
**Tourenlänge** 11 Kilometer. **Wegzeit** 3 Stunden.
**Höhenunterschiede** 140 Meter.
**Wegmarkierungen** Wiehl – Unterstand im Westhang des Wohlsbergs Kreis, vor Wiehl teilweise X11 und A3.
**Wanderkarte** Freizeitkarte 1:50 000, Blatt 19 oder 20.
**Wissenswertes** Im Bergischen Land liegen moderne Industrie und reizvolle Landschaft oft unmittelbar nebeneinander, was den positiven Aspekt hat, daß die Infrastruktur häufig besser ist als in vielen anderen ländlichen Regionen. Die Herren des Bonner Cassiusstifts herrschten ehedem über *Wiehl.* Heute tut das die Bergische Achsenfabrik, die der Stadt ihr Gepräge gibt. Der Fabrik ist das Werksmuseum »Achse, Rad und Wagen« angeschlossen (geöffnet samstags 14.30 h bis 17.30 h). Südlich von Wiehl liegt die bekannte Wiehler Tropfsteinhöhle. Geologisch ist jedoch die Aggertalhöhle interessanter (siehe Tour 27).

**Tourenbeschreibung** ÖPNV-Wanderer ab der Haltestelle *Rathaus* müssen zunächst etwa einen Kilometer auf der *Hauptstraße* durch den Ort zur *Bergischen Achsenfabrik* gehen. Daneben geht die *Hauptstraße* in die Straße *Ohlerhammer* über. Hier gehen wir halblinks ab, über den Parkplatz hinweg, Richtung Drosselhardt/Oberholzen, auf der Straße *Nürsche,* Markierung Kreis. An der Straßengabel links, weiter auf der Straße *Nürsche* Richtung Oberholzen (Die Kreis-Markierung wird kurz verlassen). Wir biegen am Ortsausgangsschild rechts in die Straße *Bremig* und folgen ihr geradeaus aufwärts (Haus 12–17), hier wieder Kreis-Zeichen. Vor einem Wohnhaus biegen wir links ab und steigen auf unbefestigtem Weg zum Waldrand hoch, wo wir abermals links abbiegen. Im Wald beschreibt der Weg eine weite Rechtskehre. An der Waldspitze biegen wir scharf links hoch auf den Teerweg. Der Weg steigt im Rechtsbogen in den Wald. Wir gehen rechts an einer Umspannstation vorbei, dahinter zerteilt sich der Weg in vier Wege. Wir gehen auf dem linken der beiden mittleren Wege ansteigend weiter und kommen dann wieder abwärts zu einer Straßengabelung, wo wir uns links nach *Monsau* halten. In *Monsau* gehen wir auf dem oberen Weg weiter und am Ende des Weilers auf den rechten, oberen Weg ansteigend im

Wald zu einer Kreuzung, wo wir nach links biegen. Der Weg steigt noch etwas und fällt dann wieder. Wir gehen geradeaus abwärts durch eine Sperre, an einer Kreuzung nach links und kurz darauf an der Schutzhütte rechts in den Querweg. Der Weg führt zu einem Wegetreff am Waldrand. Hier biegen wir nach links Richtung Parkplatz Oberholzen. Der Weg fällt, an zwei Gabeln halten wir uns links. Der Weg verläuft kurvenreich durch den Hang des *Wohlsbergs.*

Neben einem Unterstand biegen wir im scharfen Bogen nach links und verlassen somit die Kreis-Markierung. Der Weg steigt etwas. Wenn er sich gabelt, gehen wir rechts weiter. Der Weg führt ein Stück über freies Feld, eine Hecke entlang und vorbei an einer Infotafel. Nochmals kurz durch Wald erreichen wir einen Wegetreff am oberen Ortsrand von *Oberholzen.*

Wir gehen geradeaus weiter, über zwei querende Wege hinweg, Markierung X und A3, und unter der Hochspannungsleitung zum Waldrand hoch. Ihm folgen wir nach links. Im Wald schwenkt der Weg nach rechts und dann nach links, kurz darauf erreicht man eine Gabel.

Es geht geradeaus abwärts, die Zeichen werden verlassen. Der Weg führt aus dem Wald abwärts nach *Wiehl.* Hier gehen wir im Rechtsbogen hinunter. Die Straße *Ohler Berg* mündet in die Hauptstraße. Nach links kommt man wieder zur Achsenfabrik bzw. rechts zum Rathaus.

**Schloß Homburg, seit 1926 Museum des Oberbergischen Landes**

(© Günter R. E. Richter)

# 33 Durch das Homburger Ländchen

**Ausgangspunkt für Autowanderer** Waldbröl (B 256, B 478), nächster Autobahnanschluß Reichshof/Bergneustadt (A 4). Parkmöglichkeit im Rahmen der Tour am Schwimmbad/Schulzentrum (Vennstraße) sowie in der Nümbrechter Straße am Stadtbauamt. Nümbrecht wird von Waldbröl, Wiehl oder Ruppichteroth aus erreicht, nächster Autobahnanschluß Gummersbach (A 4). Parkplatz in Ortsmitte am Busbahnhof/Friedhof. Schloß Homburg liegt etwa einen Kilometer nördlich von Nümbrecht, Parkplatz an der Zufahrt.

**Ausgangspunkt für ÖPNV-Wanderer** Waldbröl, Busbahnhof. Nümbrecht, Busbahnhof. Linien Gummersbach – Dieringhausen – Wiehl – Brüchermühle / Nümbrecht – Waldbröl, Gummersbach – Derschlag – Eckenhagen – Waldbröl, Hennef – Ruppichteroth – Waldbröl, Rosbach – Schladern – Waldbröl, Freudenberg – Morsbach – Waldbröl. Die Kurse der Linie Gummersbach – Dieringhausen – Waldbröl über Brüchermühle verkehren nicht über Nümbrecht!

**Tourenlänge** 19 Kilometer, ab Nümbrecht 11 Kilometer.

**Wegezeit** 5 bzw. 3 Stunden.

**Höhenunterschiede** 260 Meter, ab Nümbrecht 120 Meter.

**Wegmarkierungen** Waldbröl – hinter Schloß Homburg X11, hinter Grötzenberg – Waldbröl Raute 3.

**Wanderkarte** Freizeitkarte 1:50 000, Blatt 24.

**Anmerkung** Wer nur eine kürzere Wanderung machen will, benutzt den über Nümbrecht fahrenden Bus und wandert von hier nach Waldbröl.

**Wissenswertes** Die ausgedehnte Wanderung vermittelt typisch oberbergische Eindrücke. Die offene, von Weidewirtschaft geprägte Landschaft ist durchsetzt von bewaldeten Kuppen und kleinen Bächen. Schließlich stoßen wir noch mit dem Schloß *Homburg* auf einen kulturellen Höhepunkt der Region. 1273 bringt das Haus Sayn das Land um Homburg in seinen Besitz. Das kleine Territorium der reichsunmittelbaren Herrschaft zwischen den Gebieten von Berg und Mark mit dem Hauptort *Nümbrecht* hat bis zum Ende des Hl. Römischen Reiches Bestand. Im 17. und 18. Jahrhundert bauen die Grafen des Zwergstaats die alte Burg schloßartig aus. Große Teile von Bau und Ausstattung sind noch im Original erhalten bzw. konnten wieder in den Originalzustand versetzt werden und bilden heute das Museum des Oberbergischen Landes.

**Tourenbeschreibung** Vom oberen Ende des *Waldbröler* Busbahnhofs biegt man links in die *Gartenstraße* und an der abknickenden Vorfahrt links auf die *Vennstraße,* Markierung X11. Wir kommen vorbei an Schwimmbad und Schulzentrum (Großer Parkplatz, Ausgangspunkt für Autowanderer). An einer Kreuzung gehen wir geradeaus auf der *Bohlenhagener Straße* und biegen dann rechts ab in den *Hessenbruchweg.* Am letzten Haus gehen wir links aufwärts auf Schotterweg nach *Bohlenhagen.* Wir biegen rechts auf einen Teerweg und kurz nach Ortsausgang wieder links. Der Weg führt über freies Gelände und durch ein kleines Waldstückchen in eine Wiesensenke. Wir gehen gera-

deaus über einen Teerweg hinweg aufwärts zum Wald. Am Waldrand biegen wir nach links und vor der Stromleitung halbrechts abwärts in den Wald. Wir folgen der Leitung ein Stück, dann schwenkt der Weg links aus. Wir kommen neben einen Bach und überqueren ihn. Kurz nach einem Teich halten wir uns rechts, jetzt auf festem Weg. Wenig später gehen wir auf den linken Weg und bleiben im Bachtal. An Kreuzung in Waldrandnähe gehen wir geradeaus und biegen in den nächsten, unbefestigten Weg rechts ab, womit wir über den Bach kommen. Der Weg steigt zu einem breiten Teerweg an, auf dem wir links nach *Wirtenbach* gehen. Hier und am Sägewerk gehen wir geradeaus und errei-

chen die Landstraße, in die wir links einbiegen. Nach 50 Metern verlassen wir neben einem Haus die Straße wieder nach rechts und gehen geradeaus in den Wald. An zwei Gabeln nehmen wir den linken, abwärts führenden Weg. Dann biegen wir rechts ab und gehen auf schmälerem Weg in die Fichten kurz steil abwärts in die Talsenke und geradeaus hoch nach *Nümbrecht.* Auf der *Jakob-Engels-Straße* kommen wir in den Ort, gehen am Haus Nümbrecht vorbei und abwärts zur Verkehrsstraße, die gekreuzt wird. Vor dem *Rheinischen Hof* biegen wir rechts hoch zur Kirche und halten uns dann halblinks leicht aufwärts auf der Hauptstraße. Links kommen wir dann vorbei an der Raiffeisenbank auf der *Otto-Kaufmann-Straße* zum Busbahnhof.

Neben dem Busbahnhof gehen wir scharf rechts auf den Friedhof und halten uns links abwärts, weiterhin mit der Markierung X11. Den Friedhof geradeaus verlassen und über die Verkehrsstraße hinweg (Abkürzung auf Trampelpfad über die Wiese) auf den Weg *Ritterpfad.* Kurz kräftig ansteigen und geradeaus in den Wald. Wieder abwärts kommen wir zum *Schloß Homburg,* wo wir beim Erreichen der Straße links auf den Zufahrtsweg zum Schloß biegen und vor der Schranke wieder rechts abwärts auf den Fußweg Richtung Holsteinsmühle.

Wir erreichen eine Wegekreuzung und biegen rechts ab, das X11-Zeichen verlassend. An der Wegegabel (links kurzer Abstecher zur Felsformation *Dicke Steine*) gehen wir geradeaus zur Straße und folgen ihr links abwärts. Vor Einmündung der Straße biegen wir rechts auf einen Teerweg (Haltestelle Historische Postkutsche) und passieren ein Pumpwerk. In Rechtsbiegung des Teerwegs gehen wir geradeaus ungeteert weiter. Nach dem ersten Fischteich biegen wir neben einer grünen Bank links ab, zwischen den Teichen hindurch. Wir gehen ein Tal hoch und bleiben im rechten Talhang, bis der Weg sich schließlich scharf nach links wendet und über den Bach führt. Wir biegen scharf rechts ab und gehen jetzt im linken Talhang weiter. Unterhalb der Häuser von *Distelkamp* knickt der Weg scharf nach links. Wir gehen geradeaus in den Weiler und biegen bei Haus 25 rechts ab. Wir gehen Richtung Malzhagen, kreuzen rechtsknickend die Verkehrsstraße und biegen kurz darauf links ab auf einen ungeteerten Weg, der eine Hecke entlang führt. Am Ende der Hecke gehen wir geradaus, jetzt wieder auf Teerweg. Der aussichtsreiche Weg knickt nach rechts und führt abwärts nach *Bruch.* Wir gehen geradeaus abwärts und an der Kreuzung geradeaus auf die Straße nach *Grötzenberg.* Über die *Bröl,* rechts auf die Landstraße, sofort rechts auf die Straße Richtung Nümbrecht und wieder über die *Bröl.* Wir biegen links ab in den *Lärchenweg* und gehen in den Wald. Der Weg gabelt sich, wir nehmen den rechten, oberen Weg. Der Weg führt ein kurzes Stück am Waldrand entlang, wo es zunächst geradeaus und bei Wiedereintritt in den Wald links auf einen Querweg geht (Markierung Kreis). Dieser Weg mündet in einen Teerweg, auf dem wir links weitergehen.

Wir kommen im freien Feld zu einem Wegetreff und gehen geradeaus weiter, auf ungeteerten Weg, der Markierung Raute folgend (Zeichen auf dem Boden). Am Waldrand biegen wir rechts auf einen Teerweg ab und am jenseitigen Waldrand nach links. An einer Kreuzung gehen wir geradeaus und bleiben am Rand des Waldstücks, vorbei an Wochenendhäusern. Mit Linksbogen in den Wald und am Waldrand nach rechts abwärts zur Waldecke, wo wir rechts wieder kurz durch das Waldstück kommen und dann scharf links ab auf einen zum Teil geteerten Weg gehen. Wir erreichen *Waldbröl,* wo wir unmittelbar neben dem Ortseingangsschild rechts auf einen Pfad kurz steil aufwärts gehen. Am Verkehrsspiegel gehen wir geradeaus die Straße hoch. Wir befinden uns zunächst auf dem *Ritter-Simon-Weg,* dann auf dem *Burgweg.* In einer Senke passieren wir die Wüstung *Isengarten.* Im Linksbogen über die *Homburgerstraße* hinweg auf die *Nümbrechter Straße* und am Stadtbauamt geradeaus abwärts (Parkmöglichkeit). Wir erreichen eine Kreuzung mit Rondell und biegen hier rechts ab Richtung Arbeitsamt/Schulzentrum auf die *Vennstraße.* Bei abknickender Vorfahrt geht es links über die *Gartenstraße* zurück zum Busbahnhof bzw. zur Fortsetzung der Tour geradeaus auf der *Vennstraße* und weiter wie oben beschrieben.

# 34 Wo Amtsknechte in Wahn geraten

**Ausgangspunkt für Autowanderer** Much an der B 56 Siegburg – Gummersbach, nächste Autobahnauffahrt Bielstein (A 4). Großer Parkplatz an der Wahnbachtalstraße unterhalb des Ortskerns. Weitere Parkmöglichkeit am Herrenteich (bei Kreuzkapelle) an der Landstraße durch das Wahnbachtal.
**Ausgangspunkt für ÖPNV-Wanderer** Much, Haltestellen Post, Rathaus oder Wahnbachtalstraße. Linien Siegburg – Neunkirchen-Seelscheid – Much, Overath – Marialinden – Much.
**Tourenlänge** 11 Kilometer.
**Wegzeit** 3 Stunden.
**Höhenunterschiede** 140 Meter.

**Wegmarkierungen** A6 auf der gesamten Strecke, bis hinter Sommerhausen zusätzlich kopfstehendes T, im Bereich Roßbruch zusätzlich X9.
**Wanderkarte** Freizeitkarte 1:50 000, Blatt 24.
**Anmerkung** Auch diese Wanderstrecke vermittelt auf wenigen Kilometern die unterschiedlichsten Eindrücke. Gehen wir zuerst aussichtsreich über den freien Höhenrücken zwischen Wahnbach und Markelsbach, durchwandern wir dann auf sehr abwechslungsreicher Strecke das Wahnbachtal.

**Tourenbeschreibung** Autowanderer sowie ÖPNV-Wanderer ab Haltestelle Wahnbachtalstraße gehen von dem großen Parkplatz aus neben der Tankstelle auf die *Klosterstraße,* Markierung (neben anderen Zeichen) A6 und kopfstehendes T. Man folgt der Straße aufwärts.

ÖPNV-Wanderer ab den Haltestellen Post oder Rathaus gehen ein Stück die Hauptstraße hinunter auf die Kirche zu und biegen unmittelbar hinter dem Modehaus *Lambertz* rechts ab in die Straße *Hofsberg* (alte A6-Markierung) und sofort wieder rechts. Links in eine Sackgasse und an deren Ende auf Stufen hoch zur *Klosterstraße,* auf der es rechts weitergeht, Markierung A6 und kopfstehendes T.

Wir biegen links ab in den *Birkenweg.* Wenige Schritte rechts in den *Erlenweg* und links in den *Sommerhausenerweg.* Wir können einen Fußweg neben der Straße benutzen und passieren eine Schutzhütte. Wir erreichen ein Holzkreuz, kurz bevor die Straße sich absenkt und gehen hier halbrechts auf einen ungeteerten Weg. Wir bleiben geradeaus auf dem Weg, der dann geteert ist und an *Sommerhausen* vorbei führt (das links abbiegende Zeichen A6k nicht beachten). Weiter über die offene Höhe und geradeaus mit dem A6-Zeichen (das T biegt ab). Wir passieren das obere Ende eines Waldstücks. Wenn dann der Teerweg scharf links hinunterknickt, gehen wir geradeaus auf unbefestigtem Weg weiter (nicht links, alte Markierung). Der Weg führt oberhalb einer Bachquelle vorbei nach *Hillesheim.* Wir gehen rechts in den Ort und an der Kreuzung geradeaus weiter. Wir folgen der Linksbiegung des Teerwegs (Markierung fehlt) und kommen hinunter zur Straße. Wir folgen der Straße kurz nach rechts und biegen links in den nächsten Weg ab. Über den *Wahnbach* und dahinter scharf nach links. Kurz nach den Grundstücken auf den rechten, oberen Weg und an weiterer Gabel links, am Waldrand bleibend. Wir schwenken durch zwei Seitenbacheinschnitte und treffen dann auf einen Querweg, in den wir rechts biegen und ansteigen. Wir kommen über einen weiteren Seitenbach und

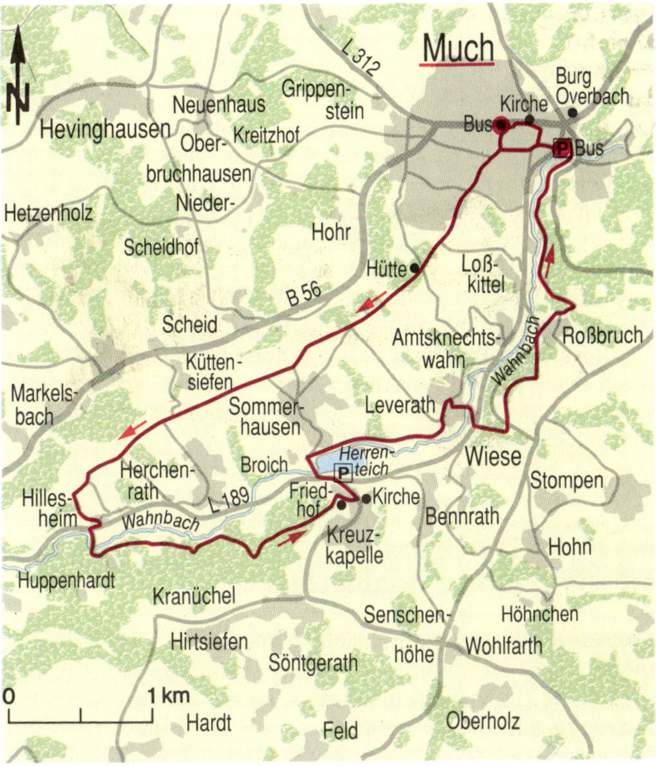


erreichen *Kreuzkapelle,* wo wir unterhalb des Bauhofs geradeaus weiter gehen. Neben dem Friedhof auf Wiesenweg abwärts und am Ende des Friedhofs nach rechts auf die Straße (nicht geradeaus hinunter, schwieriges Wegstück). Vor der Kirche biegen wir links auf die Verkehrsstraße, und wenn diese einmündet, links auf die Straße Richtung Siegburg.

Nach dem Gasthaus *Herrenteich* (Parkmöglichkeit) rechts ab auf die Straße Richtung Sommerhausen, weiterhin mit der A6-Markierung. In der Rechtskurve der Straße biegen wir rechts ab und bleiben am *Herrenteich.* Der Weg verläuft durch das Tal nach *Leverath.* Hier gehen wir zweimal rechts biegend hinunter und über den *Wahnbach* zur Straße. Über diese hinweg und neben dem Bushäuschen einen Seitenbach hoch. Wir kreuzen einen Querweg und schwenken links steil hoch. Über eine Straße hinweg und weiter am Waldrand. An der Waldecke (Steinkreuz) gehen wir links abwärts (auch Markierung X) wieder zur Straße.

Diese wird nur kurz rechts berührt, wir gehen rechts nach *Roßbruch.* Gegenüber auf der anderen Talseite liegt der (nicht sichtbare) Weiler mit dem schönen Namen *Amtsknechtswahn.* In der scharfen Rechtsbiegung des Teerwegs gehen wir geradeaus weiter zu einem Teich, an der Gabel dahinter nach links und an erneuter Gabel auf den rechten Weg. Wir bleiben diesseits des Wahnbachs (das X biegt links über den Bach). Der Weg steigt kurz im Hang an und fällt wieder. An seinem Ende gehen wir nach links über den *Wahnbach* und erreichen den großen Parkplatz an der *Wahnbachtalstraße.* Zur Fortsetzung der Tour geht man neben der Tankstelle auf die *Klosterstraße* und weiter wie oben beschrieben.

Auch ÖPNV-Wanderer zu den Haltestellen Post und Rathaus gehen in die *Klosterstraße,* biegen dann rechts in die *Kirchstraße* und erreichen links an der Kirche vorbei wieder die Hauptstraße mit den Haltestellen.

## 35 Durch das untere Naafbachtal

**Ausgangspunkt für Autowanderer** Wahlscheid liegt an der B 484 Siegburg – Overath, Autobahnanschlüsse Lohmar (A 3) und Overath (A 4). Parkplatz in Ortsmitte bei der Kirche.
**Ausgangspunkt für ÖPNV-Wanderer** Wahlscheid, Kirche. Bus Siegburg – Lohmar – Overath. Weitere Haltestelle der genannten Linie in Kreuznaaf.
**Tourenlänge** 13 Kilometer, bis Kreuznaaf 10 Kilometer.
**Wegzeit** 3,5 bzw. 2,5 Stunden.
**Höhenunterschiede** 140 Meter.
**Wegmarkierungen** Wahlscheid – Ingersauel Winkel 3, im Naafbachtal teilweise A3, Kreuznaaf – Schiffarth K, Hitzhof – Aggerbrücke Winkel 3.
**Wanderkarte** Freizeitkarte 1:50 000, Blatt 24.
**Anmerkung** Wer die Tour etwas verkürzen will, wandert nur bis Kreuznaaf und fährt mit dem Bus zurück.
**Wissenswertes** Auch das in seiner ganzen Länge mit den Nebenbächen unter Naturschutz stehende Naafbachtal gehört zu den Tälern des Bergischen Landes, von denen der Verkehr sich fernhält und die nur dem Wanderer offen stehen. Im Gegensatz zu den bereits beschrieben Tälern (Tour 8) weiter nördlich sind die Täler hier sanfter, nicht so tief eingeschnitten, der Talgrund ist weiter. Durch das Naafbachtal weiter oben führt Tour 36.

**Blick ins Aggertal** (© Günter R. E. Richter)

**Tourenbeschreibung** Von der Kirche gehen wir ein Stück auf der Hauptstraße Richtung Overath und biegen vor der Kreissparkasse rechts in *Am alten Rathaus.* Wir folgen der Linksbiegung dieser Straße und kommen an einem Spielplatz und am Feuerwehrhaus vorbei, Markierung Winkel. Weiter auf dem *Pastoratsweg* kommen wir durch das *Aggertal* nach *Neuhonrath.* Wenn links der *Rotdornweg* abzweigt, biegen wir rechts ab und gehen ein Seitental hoch. Wir überqueren zwei hier zusammenfließende Bäche und gehen hinter dem zweiten Bach links im rechten Talhang aufwärts. Der Weg mündet in einen Querweg ein, auf dem es scharf links weiter geht. Der Weg führt durch den Hang und gabelt sich zweimal. Wir nehmen jeweils den rechten Weg. Gleich nach Waldaustritt biegen wir links ab und gehen über die Wiese zur Straße, auf der es links weiter geht und dann halbrechts auf den Weg Richtung *Saal.* Hier geht es rechts ab und abwärts ins *Naafbachtal* nach *Ingersauel.* Davor knickt der Teerweg nach links. In den Häusern gehen wir geradeaus weiter, vorbei an Haus 8, abwärts auf einen Grasweg, hier keine Markierung. Geradeaus über einen Querweg hinweg (wieder Winkel) hinunter in den Talgrund.

Wir biegen rechts auf den erreichten Teerweg ab und verlassen somit das Winkel-Zeichen. Wir gehen das Tal abwärts, an der Einmündung im Linksbogen nach *Naaf* und kurz darauf an der Gabel auf den linken Weg. Wenn es links zur *Naafmühle* geht, gehen wir geradeaus weiter auf ungeteerten Weg. Wir bleiben im

Tal und gehen an einem Holzkreuz auf dem linken Weg weiter, Markierung A3. Wir kommen an einer Brücke vorbei, dahinter steigt der Weg etwas an. An der Abzweigung des Teerwegs gehen wir geradeaus weiter im Tal bleibend, die Markierung A3 wird verlassen. Schließlich erreichen wir *Kreuznaaf* und überqueren hier die Landstraße abwärts in den Ort. Wir schwenken nach links und biegen vor Erreichen der Brücke rechts ab, vorbei an einem Autohaus. Am Ende der Stichstraße gehen wir geradeaus über ein Firmengelände zur B 484. Hier Bushalt, Rückfahrmöglichkeit.

Wir überqueren die Bundesstraße und gehen über die *Agger* Richtung Höngesberg, Markierung K. Rechts ab in den nächsten Weg durch ein Campinggelände. Der Weg verläuft zunächst am Hang und dann durch den Talgrund. Vor dem *Hitzhof* biegen wir nach rechts, Markierung jetzt auch Winkel. Über den *Brückerhof* erreichen wir *Schiffarth.*

Hier biegen wir rechts ab, nur noch mit dem Winkel-Zeichen, und überqueren wieder die *Agger.* Gleich hinter der Brücke biegen wir links ab, die Markierung wird verlassen, in den Landschaftsgarten *Aggerbogen.* Kurz vor einer kleinen Holzbrücke biegen wir rechts ab und kommen unter der Bundesstraße hindurch zurück nach *Wahlscheid.*

## 36 Über Marialinden ins obere Naafbachtal

**Ausgangspunkt für Autowanderer** Overath, gleichnamige Ausfahrt der A 4. Beste Parkmöglichkeit hinter dem Bahnhof sowie jenseits der Agger in der Straße An der Brücke, die über die Straße Richtung Marialinden erreicht wird.
**Ausgangspunkt für ÖPNV-Wanderer** Bahnhof Overath. DB-Strecke Köln – Gummersbach.
**Tourenlänge** 11 Kilometer.
**Wegzeit** 3 Stunden.
**Höhenunterschiede** 200 Meter.
**Wegmarkierungen** Overath – Marialinden Winkel 12, Marialinden – Naafbachtal X29, im Tal X22, Naafbachtal – Abzweigung Schiefental Winkel 5.
**Wanderkarte** Freizeitkarte 1:50 000, Blatt 24.
**Anmerkung** Für die Pfade im Naafbachtal braucht man feste Schuhe. Bei nasser Witterung ist diese Tour nicht zu empfehlen.
**Wissenswertes** Von welcher Richtung man auch auf den Wallfahrtsort *Marialinden* zuwandert, der doppelte Turm der Marienkirche von 1512 ist weithin sichtbar. *Overath* war im Mittelalter als Glockengießerstadt bekannt. Zum *Naafbachtal* siehe Tour 35.

**Tourenbeschreibung** Vom Bahnhof gehen wir durch den Tunnel zum rückseitigen Eingang, großer Parkplatz. Vorbei an dessen Zufahrt gehen wir ein Stück die Bahn entlang, und wenn sich die Straße über die Bahn wendet, gehen wir halbrechts in den Fußweg *Am Aggersteg,* Markierung Winkel 12 (Spitze in Gehrichtung). Wir gehen über die *Agger* und biegen in der Siedlung rechts in die Straße *An der Brücke.* Wenn die Straße sich gabelt, gehen wir links aufwärts *(Kram)* dem Winkel 12-Zeichen nach. Hinter dem letzten Haus gehen wir nach links und steigen an nach *Rittberg.* Wir folgen der erreichten Landstraße nach rechts und biegen hinter dem Bushäuschen halblinks ab auf einen unbefestigten Weg. Wir gehen eine Bachsenke aufwärts, der Weg ver-

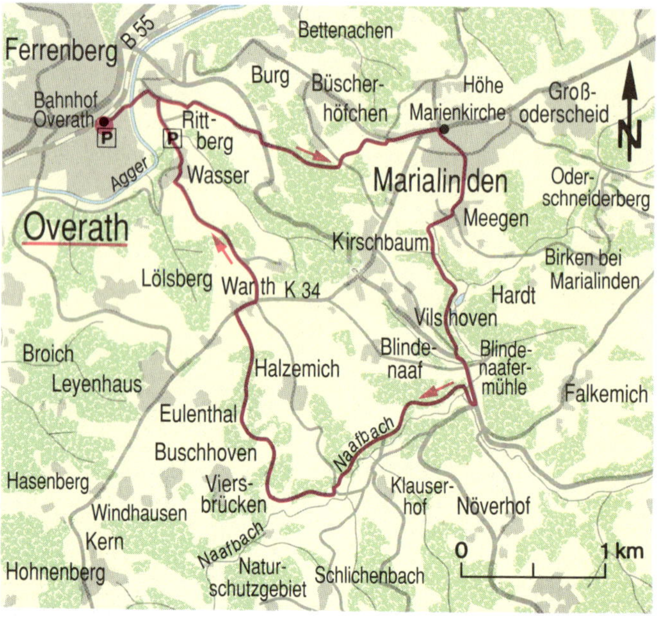


engt sich zum Pfad. Über einen Seitenbach und noch ein Stück steil hoch zu einem Teerweg, dem wir nach links folgen. Kurz darauf biegen wir am Waldrand wieder rechts ab und neben einem großen Platz nach links. Wir erreichen *Marialinden* und gehen geradeaus aufwärts zur imposanten Kirche.

Neben der Kirche biegen wir rechts ab in die schmale Straße *An den Sieben Linden,* Markierung X (nicht mehr Winkel 12). Geradeaus auf der *Meegener Straße* durch die Siedlung. Die Straße verengt sich und schwenkt nach links. Jetzt gehen wir rechts ab auf den linken, unteren Weg. Wir kommen in ein Tal und gehen kurz nach Waldeintritt auf den linken Weg, weiter mit dem X29-Zeichen. Kurz nach einem Seitenbach gabelt sich der Weg erneut, wir gehen wieder auf dem linken Weg weiter, der im Wald bleibt. Der Weg setzt sich als Pfad fort, der schließlich scharf rechts ins Tal schwenkt. Schließlich trifft man auf eine Straße und folgt ihr nach links. Die Straße durchschneidet vorbei an der *Blindenaafermühle* das *Naafbachtal.* Bevor rechts die Straße Richtung Bonn abzweigt, gehen wir scharf rechts abwärts in den Talgrund, neben dem X29 jetzt auch X22. Neben dem Straßendamm gehen wir über den *Naafbach* und schwenken nach links, das Tal abwärts. Wenn der Weg ein Seitental hinaufzieht, biegen wir links auf einen schmäleren Weg, im *Naafbachtal* bleibend.

Wir folgen der Markierung X22 nach links in einen Querpfad und durch einen Zaundurchlaß, überqueren den Naafbach und erreichen eine kleine Straße, der wir nach rechts folgen. Zweimal rechts haltend kommen wir wieder über den Naafbach und folgen dann halblinks dem Asphaltweg weiter talwärts.

Vor einem Seitenbach biegen wir rechts auf einen unbefestigten Weg, Markierung jetzt Winkel, nicht mehr X. Wir gehen das Seitental aufwärts und erreichen auf der Höhe *Warth.* Hier folgen wir der Straße nach rechts, passieren ein schönes Steinkreuz und biegen links ab auf den Weg *Wasser.*

**Wegkreuz bei Overath** (© Günter R. E. Richter)

An der Abzweigung nach Schiefental gehen wir geradeaus weiter, jetzt ohne Markierung. Wir kommen abwärts durch den Stadtteil *Wasser* wieder nach *Overath.* Wieder auf der Straße *An der Brücke* kommen wir zur bekannten Straßengabel (Wanderer, die hier parken, biegen scharf rechts hoch in die Straße *Kram*). Wie auf dem Hinweg gehen wir links über die *Agger* zurück zum Bahnhof.

# 37 Durch den Lohmarer Wald zur Zwölfapostelbuche

**Ausgangspunkt für Autowanderer** Lohmar an der B 484 Siegburg – Overath, gleichnamige Ausfahrt der A 3. Parkplätze im Bereich Eisenmarkt und bei den Schulgebäuden in der Hermann-Löns-Straße.
**Ausgangspunkt für ÖPNV-Wanderer** Lohmar, Haltestelle Steinhöfer Weg. Busse Siegburg – Lohmar – Overath, Siegburg – Lohmar – Rösrath – Köln-Königsforst.
**Tourenlänge** 11 Kilometer. **Wegzeit** 3 Stunden.
**Höhenunterschiede** 80 Meter.
**Wegmarkierungen** In Lohmar zunächst Winkel 1, Pützerau – Zwölfapostelbuche A2, hinter Zwölfapostelbuche – hinter Kreuzung mit Sitzbank A3, Sitzbank – Steinbrücke XS.
**Wanderkarte** Freizeitkarte 1:50 000, Blatt 24.
**Wissenswertes** Waldwanderung auf bequemen Wegen durch den südlichsten Teil der (Heide-)Terrasse. Westlich jenseits der Agger schließt nach einem Waldgürtel das größte Heidegebiet des Bergischen Landes an; leider ist die Wahner Heide militärisches Sperrgebiet und nur sehr eingeschränkt begehbar.

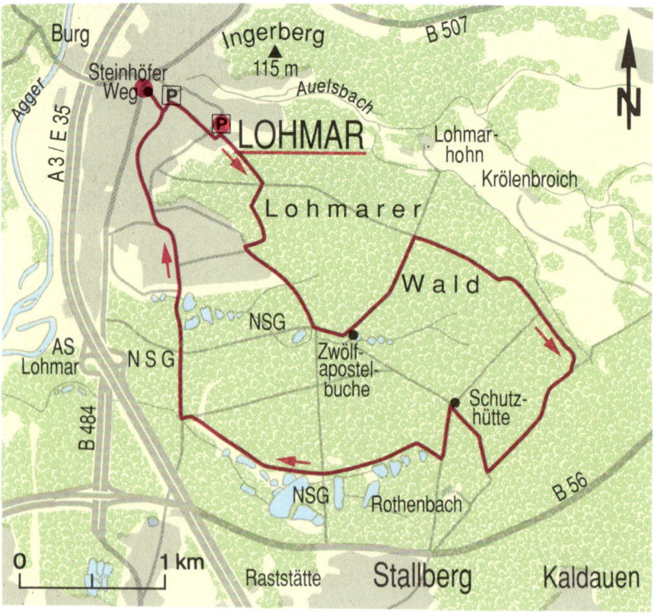

**Tourenbeschreibung** Von der Haltestelle *Steinhöfer Weg* geht man ein Stück auf der Hauptstraße Richtung Overath und biegt vor der Ampelkreuzung rechts auf einen Privatweg, eine Ziegelmauer entlang, Markierung Winkel 1. Am Ende des *Eisenmarkts* biegen wir links in die Querstraße (Parkplatz) und rechts in die *Hermann-Löns-Straße.* Aufwärts zu den Schulgebäuden, wo wir zunächst links und dann rechts schwenken (Parkplatz) und geradeaus in den Wald hochgehen.

**Fliegenpilz** (© Christina Garstecki)

Wir erreichen einen Wegestern und biegen rechtwinklig rechts ab, die Winkel-Markierung verlassend. Der Weg führt an gelben Pfählen vorbei, knickt neben dem zweiten Pfahl nach links und durchschneidet einen Bacheinschnitt. Wir gehen rechts in einen Querweg wieder zum Ortsrand, Markierung A2, und biegen scharf nach links. Geradeaus auf der Straße *Pützerau,* vorbei an Haus *Waldeck* und geradeaus in den Wald. Links in einen schräg verlaufenden Querweg kommen wir zur *Zwölfapostelbuche.* Hier sind zwölf neue Buchen gepflanzt.

Davor biegen wir links ab, ohne Markierung. Wir steigen etwas an, kreuzen zwei unbefestigte Wege und biegen dann an der dritten Kreuzung rechts auf einen befestigten Weg, Markierung A3. Wir bleiben ein längeres Stück auf dem Waldfahrweg, der schließlich in einen Querweg mündet, auf dem es halbrechts weiter geht. An einer Kreuzung mit Sitzbank gehen wir geradeaus abwärts, Markierung jetzt auch X.

Am Ende des Weges biegen wir scharf rechts in einen Querweg, Markierung nur noch XS, nicht mehr A3. Wir erreichen eine Schutzhütte, biegen hier wieder nach links und am Rand des Naturschutzgebiets nach rechts. Wir bleiben auf diesem Weg, der das Teich- und Sumpfgebiet entlangführt und schließlich in einen Querweg mündet, auf dem wir halblinks weitergehen.

Kurz darauf biegen wir neben einer kleinen Steinbrücke rechts ab in den Querweg und verlassen somit das XS-Zeichen. Auf diesem Weg kommen wir wieder nach *Lohmar* und gehen über die *Alte Lohmarer Straße,* die wir bis zur abknickenden Vorfahrt verfolgen, wo wir geradeaus auf die *Bachstraße* gehen und wieder zum *Eisenmarkt* kommen.

# 38 Über Kloster Seligenthal und die Wahnbachtalsperre ins Bröltal

**Ausgangspunkt für Autowanderer** Hennef, Park and Ride-Platz links des Bahnhofs. Hennef wird über die A 560 / B 8 erreicht (Autobahnkreuz Siegburg, A 3). Seligenthal auf der anderen Siegseite (von Hennef über Allner), Parkplatz am Kloster. Bröl an der B 478 Richtung Waldbröl, Wanderparkplatz an der Straße Am Steg jenseits der Bröl.
**Ausgangspunkt für ÖPNV-Wanderer** Bahnhof Hennef. DB-Strecke Köln – Troisdorf – Hennef – Au – Siegen, S-Bahn-Betrieb. Bus von Bonn.
**Tourenlänge** 15 Kilometer. **Wegzeit** 4 Stunden.
**Höhenunterschiede** 100 Meter.
**Wegmarkierungen** Hennef – Happerschoß NP1, bis Talsperre zugleich Winkel 1, Talsperre – Bröl X12, ab Happerschoß zugleich XS, Bröl – Hennef Winkel 9, ab Allner zugleich NP1.
**Wanderkarte** Freizeitkarte 1:50 000, Blatt 23 oder 24.
**Wissenswertes** Auch an seinem südlichen Ende wartet das Bergische Land mit sehr abwechslungsreichen Wanderungen auf. Nach der breiten Siegaue kommen wir durch das schmale Wahnbachtal zum alten *Kloster Seligenthal.* Bemerkenswert ist der ungewöhnliche Umstand, daß die romanische Kirche für die Minoriten, einen Bettelorden, gebaut worden war. Sie dient heute als Pfarrkirche. Nach der *Wahnbachtalsperre* (gebaut zur Trinkwasserversorgung 1955–58) haben wir Wirtschaftswege auf freier Höhe durch Wiesen und Felder unter den Füßen. Schließlich kommen wir durchs Bröltal wieder zur Sieg und passieren dabei noch *Schloß Allner* mit seinem schönen Park, dessen Baugeschichte sich vom 16. bis zum 18. Jahrhundert erstreckt.

**Tourenbeschreibung** Vom Bahnhof *Hennef* aus geht man kurz nach links und rechts über *Adenauer-* und *Marktplatz* zur B 8, Markierung Winkel 1 (offene Seite in Gehrichtung). Kurz links und rechts in die *Dickstraße,* Markierung auch NP1. Entweder über die *Uferstraße* (NP) oder die *Deichstraße* (Winkel) rechts zur *Sieg* und links neben dem Fluß her. Wir gehen auf dem Siegdeich unter der Autobahn durch und biegen an einem Steinkreuz hinter der Kläranlage rechts ab. Auf einer Spannbrücke kommen wir über die *Sieg* und biegen am Gasthaus *Sieglinde* links auf den Uferweg. Dieser mündet in eine Straße ein, auf der wir nach *Seligenthal* kommen. Hier biegen wir rechts in den *Rüdemichweg,* der dann am Talhang entlang läuft. Über einen Seitenbach und etwas ansteigen. Wenn der Weg rechts in ein Seitental ausbiegt, gehen wir links auf einem Pfad wieder hinab und über den Seitenbach. Links kommen wir auf einer Brücke über den *Wahnbach* und gehen rechts auf der Straße zum Kloster *Seligenthal*

(Parkplatz). Wir bleiben weiter auf dem Teerweg, voraus liegt der Talsperrendamm, und gehen geradeaus im Hang hoch (links die Reste eines Viadukts).

An einer Kreuzung verlassen wir die Markierungen und biegen rechts ab (Fußweg zur Dammkrone). Wir steigen links eine Treppe hoch und gehen rechts zum Damm der *Wahnbachtalsperre,* Informationspavillon.

Wir gehen rechts über den Damm, Markierung X12 und wieder NP. Am Ende des Damms nach links, auf Pfad im Hang aufwärts. Der Pfad mündet in einen Waldfahrweg, auf dem es links aufwärts weitergeht. Beim Waldaustritt geradeaus und auf Teerweg über die freie Höhe nach *Happerschoß.* Wir verlassen den *Talsperrenweg* links in die Straße *Am Lorenzgarten* mit der X-Markierung.

**Wahnbachtalsperre** (© Christina Garstecki)

Am Ende dieser Straße biegen wir nach links und rechts in die *Brölstraße,* neben dem X12 jetzt auch XS (auch NP-Zeichen tauchen nochmals auf). Dann gehen wir rechts in *Am Gerhardsbungert* (NP). Am Ortsrand rechts auf die *Friedhofstraße* und mit den X-Zeichen sofort links in den nächsten Weg, das NP wird nicht mehr beachtet. Der Schotterweg mündet in eine Straße, der wir nach links folgen. Über die Querstraße hinweg auf einen Teerweg. Wir folgen diesem Weg, der zunächst über die freie Höhe verläuft und dann abwärts nach *Bröl* führt, wobei beim Waldeintritt eine Rechtskehre beschrieben und wieder auf freiem Feld ein Gehöft passiert wird. Der Weg mündet schließlich in die B 478 ein. Man folgt ihr ein Stück, biegt dann gegenüber dem Fachwerkhaus 69 rechts ab und links in die Straße *Alter Weg.* Im alten Ortskern gehen wir rechts auf die Straße *Am Steg.* Über die *Bröl* kommen wir zu einem Wanderparkplatz (Ausgangspunkt für Autowanderer).

Gleich am Parkplatzende biegen wir rechts ab mit der Markierung Winkel 9 (unten offen), die X-Zeichen werden verlassen. Der Weg verläuft ein Stück im Hang hoch und führt dann weiter das *Bröltal* abwärts nach *Müschmühle.* Wir durchqueren den Ort und gehen rechts auf der Landstraße über die *Bröl,* die hier in die *Sieg* mündet. Wir überqueren die B 478 Richtung Siegburg und gehen auf der *Schloßstraße* nach *Allner* (rechts das Schloß). Am Ortseingang links auf die *Dr.-Pagenstecher-Straße* und geradeaus auf dem Deichweg *(Bleiche),* jetzt auch wieder NP-Markierung. Unter der Autobahn durch auf den Deichweg und auf weiter Betonbrücke über die Sieg nach *Hennef.* Auf der B 8 *(Frankfurter Straße)* geht man nach rechts. Dann zum Bahnhof gleich wieder links oder zur Fortsetzung der Tour geradeaus und rechts in die *Dickstraße.*

## 39 Über den Nutscheid zur Burg Windeck

**Ausgangspunkt für Autowanderer** Windeck-Wilberhofen, Parkplatz am Bahnhof Dattenfeld sowie Windeck-Altwindeck, Parken in Dorfmitte. Windeck wird über die Siegtalstraße Hennef – Eitorf – Rosbach erreicht.
**Ausgangspunkt für ÖPNV-Wanderer** Bahnhof Dattenfeld in Windeck-Wilberhofen. DB-Strecke Köln – Troisdorf – Au – Siegen, S-Bahn-Betrieb.
**Tourenlänge** 16 Kilometer. **Wegzeit** 4 Stunden.
**Höhenunterschiede** 340 Meter.
**Wegmarkierungen** Bahnhof Dattenfeld – Abzweigung Roth XS, Nutscheidstraße – hinter Ommeroth X12, hinter Ommeroth – hinter Höhnrath X28, hinter Höhnrath – Bahnhof Dattenfeld XS.
**Wanderkarte** Freizeitkarte 1:50 000, Blatt 24.
**Anmerkung** Die steilen, schmalen Pfade am Burgberg der Ruine Windeck sollten bei Glätte nicht begangen werden. In diesem Fall geht man auf der Straße am Fuß des Burgbergs direkt nach Altwindeck.

**Wissenswertes** Von den Landstrichen, die das Bergische Land begrenzen, stellt das Gebiet an der Sieg zweifelsohne das reizvollste dar. Unsere Wanderstrecke verläuft über den *Nutscheid,* den bewaldeten Höhenrücken zwischen Sieg und Bröl, der eines der wenigen größeren geschlossenen Waldgebiete des Bergischen Landes darstellt (siehe auch Tour 26). Südlich daran schließt sich das Windecker Ländchen an mit der trutzigen Ruine von *Burg Windeck* im Mittelpunkt. Die Burg fiel 1267 an Berg und bildete den südlichen Herrschaftspunkt. Was heute von der Anlage erhalten ist, stammt aus dem 15. Jahrhundert. Das schmucke Dorf *Altwindeck* zu Füßen der Burg ist mehrfach ausgezeichnet worden.

**Tourenbeschreibung** Vom Bahnhof *Dattenfeld* aus gehen wir im Linksbogen vorbei am Gasthaus und über den *Engbachweg* hinweg rechts in die *Rochusstraße,* Markierung XS. Diese Straße mündet in die *Ruppichterother Straße.* Wir folgen ihr kurz nach rechts, gehen links in *Auf der Bitze* und weiter in *Am Eichstock.* Am Ende gehen wir rechts auf Querweg *(Am Klingelsberg)* Richtung Roth und neben einem Bach aufwärts. Nach einer Einmündung schwenkt der Weg im Rechtsbogen durch das Tal. Wir verlassen hier den Teerweg, indem wir neben dem Wasserbehälter links hoch auf einen unbefestigten Weg gehen. Der Weg steigt steil neben dem Bacheinschnitt an. Am Ende des Einschnitts biegen wir links ab zu einem Teerweg, auf dem es rechts weitergeht. Wir erreichen eine Straße.

Wir verlassen die XS-Markierung und gehen geradeaus über die Straße hinweg auf einen Waldfahrweg. Vorbei an einer kleinen Waldwiese stoßen wir auf einen querenden Teerweg. Wir gehen geradeaus hoch auf unbefestigtem Weg, der in einen Schotterweg einmündet, in den wir scharf rechts einbiegen. Wir bleiben auf dem Fahrweg, bis er oberhalb einer Bachquelle im Rechtsbogen durch den Hang führt. Wenige Meter vor der Quelle gehen wir links ab, im Hang aufwärts, auf unbefestigtem Weg, der anfangs etwas verwachsen ist (Markierung Quadrat). Links neben einem Erdwall gehen wir auf einen Pfad, der zunächst schwer einzusehen ist. Dieser mündet dann in den *Nutscheid*-Kammweg, der hier etwas unterhalb des eigentlichen Kamms verläuft.

Wir biegen rechts in den Schotterweg, Markierung X, der schließlich in einen Teerweg mündet, auf dem wir links abwärts weitergehen. Wir bleiben auf dem Teerweg bis zu einer Waldwiese und gehen am Ende des Wiesenstücks rechts in einen ungeteerten Weg. Links erstreckt sich ein militärischer Schutzbereich.

Krahwinkel
NSG
Goldberg
Nutscheidstraße
Hohes
Wäldchen
Nutscheid
Roth
Gutmanns-
eichen
Hillesberg
Kaltbachs-
berg
Wasser-
behälter
Höhenberg
Rossel
Wilhelms-
höhe
P
Bf
Dattenfeld
Übersetzig
Sieg
WINDECK
Silberberg
290 m
Wilberhofen
NSG
Ommeroth
Schlichberg
298 m
287 m
Dreiortsberg
Engbachs-
284 m
kopf
Bergscheids-
berg
271 m
Altwindeck
Ruine
Burg Windeck
Hahnenbach
Haus
Mühlenbach
Spurkenbach
Schönenbach
Wies
Helten
Bettenhagen
Mittel
B 256
Rommen
Höhnrath
Jucht
Bodenberg
296 m
Westertbach
Gierzhagen
Schladern
NSG
Auels-
berg
Poche
Mauel
0
1 km

Wir gehen durch den Hang bis zur Waldecke, hier rechts ab auf den Teerweg. Dieser führt im Linksbogen nach *Ommeroth.* Dahinter gehen wir steil abwärts zu Tal. Am Zusammenfluß zweier Bäche biegen wir links ab und dann nach rechts, den rechten Bach aufwärts. Dieser wird schließlich rechts überquert und wir gehen einen Seitenbach hoch. Wir kommen oberhalb der Quelle dieses Baches vorbei und folgen dann einer Telefonleitung. Bei einer Ruine biegen wir links ab und erreichen eine Kreuzung.

Hier biegen wir rechts ab, von X12 auf X28 übergehend, und gehen eine Stromleitung entlang. Wir bleiben auf dem fallenden Weg bis zum Ende einer Waldwiese, an deren Ende wir rechts abbiegen, unter der Leitung durch, und sofort wieder links auf einen eingeschnittenen Weg nach *Höhnrath.* Wir gehen geradeaus durch den Weiler, über freies Feld und durch ein Gatter wieder in den Wald. Bevor der Weg wieder zu fallen beginnt, erreicht man einen Wegetreff.

Wir biegen rechts ab, das X-Zeichen verlassend. Der Weg fällt, und man passiert eine Waldwiese. An deren Ende gehen wir geradeaus weiter, jetzt wieder mit X-Markierung (XS-Weg). Der teilweise eingeschnittene Weg führt zur Burg *Windeck,* wo wir bei den Häusern zum Platz *An der Burgruine* kommen. Beachten Sie die Anmerkung! Wir gehen rechts unterhalb des auf den Bergsporn führenden Weges (Wegweiser) geradeaus auf den Fußpfad. Wenn dieser sich verzweigt, gehen wir scharf links zur Ruine hoch. An ihrem Ende weiter auf schmalem Pfad, wieder abwärts, und vor Felsspitze scharf nach rechts. Der Pfad führt dann steil abwärts nach *Altwindeck.* Am Ende des Weges biegen wir zwischen den Häusern nach rechts zur kleinen Burgkapelle. Hier nach rechts (es mangelt an Markierungen). Neben Haus 2 gehen wir nach links (Richtung Bahnhof Dattenfeld) und sofort links auf die Straße *Im Thal Windeck.* Zwischendurch sehen wir links die Kirche von Dattenfeld, sogenannter Siegtaldom. Weiter in *Dattenfeld* auf der Straße *Zur Pulvermühle* und der *Elisentalstraße,* vorbei an der *Berger Kapelle.* Bei einem Steinkreuz gehen wir geradeaus zwischen den Fachwerkhäusern durch. Der Weg führt unmittelbar neben der Bahn her und beschreibt dann noch einen Rechts-Links-Knick, bevor er *Wilberhofen* und damit den Bahnhof *Dattenfeld* erreicht.

# 40 Von der Freusburg auf Höhenwegen beiderseits der Sieg

**Ausgangspunkt für Autowanderer** Kirchen (Sieg) liegt nahe Betzdorf an der B 62 Richtung Siegen, Anfahrt aus Richtung Norden über Freudenberg (A 45). Parkplatz am Elisabethkrankenhaus in der Bahnhofstraße.
**Ausgangspunkt für ÖPNV-Wanderer** Bahnhof Kirchen. DB-Strecke Köln – Au – Betzdorf – Siegen.
**Tourenlänge** 19 Kilometer.
**Wegzeit** 5 Stunden.
**Höhenunterschiede** 580 Meter.
**Wegmarkierungen** Kirchen – Abzweigung Brachbach XS, ab Brachbach ein Stück M3, auf dem Höhenweg bis Herkersdorf X24, Herkersdorf – Kirchen X(E1), S und Raute 1.
**Wanderkarte** Freizeitkarte 1:50 000, Blatt 25.
**Wissenswertes** Was zum Übergang vom Bergischen zum Sauerland gesagt ist (Tour 23) gilt gleichermaßen zum Siegerland hin. Auch hier wird die Landschaft profilierter, die Berge werden höher, die Wege steiler. Spätestens gegen Ende der Tour wird man auf dem *Otto-Turm* den Schweiß der Anstiege vergessen und eine zauberhafte Aussicht genießen, die einen den größten Teil der bis dahin zurückgelegten Strecke verfolgen läßt. Auf der *Freusburg* befindet sich heute eine Jugendherberge; sicher eine der schönsten im Lande.

**Tourenbeschreibung** Vom Bahnhof aus hält man sich rechts auf die *Bahnhofstraße* und passiert das Elisabethkrankenhaus (Parkplatz). Wir gehen unter der ersten Bahnunterführung der Nebenbahn durch, dann vor der zweiten Unterführung der Hauptbahn links auf einen Fußweg und neben der Bahn über *Sieg* und Straße, jetzt Markierung XS. Wir gehen den Damm hinunter, ein Stück auf der *Bahnstraße* und links in *Am Buschert.* Wir steigen durch die Siedlung auf, gehen am Waldrand links hoch in *Auf der Hub* und haben einen kräftigen Anstieg auf den *Brühlkopf* zu bewältigen. Wir bleiben auf dem Teerweg, passieren dann einen Hof und gehen geradeaus weiter. Bei einem Holzlagerplatz gehen wir auf den rechten Weg abwärts, wieder geteert und unten rechts auf den *Wilhelminenweg.* Dann stößt die Markierung X11 dazu. Wir erreichen *Freusburg* und gehen hier steil abwärts. Durch einen Torbogen kommen wir in den Ortskern. Zur Burg geht es geradeaus.

Wir biegen gleich hinter dem Torbogen links steil hinunter, weiter mit den SGV-Markierungen XS+11. Über den *Kapellen-*

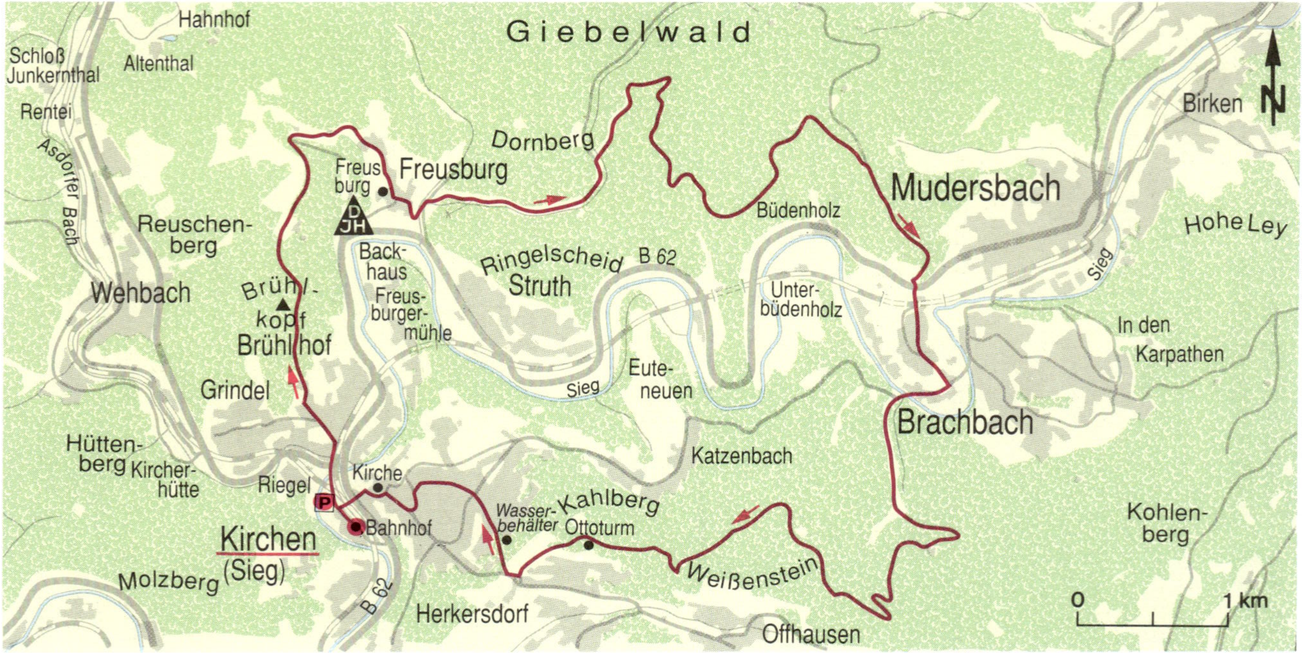

Giebelwald
Hahnhof
Schloß Junkernthal
Altenthal
Rentei
Asdorfer Bach
Reuschen-berg
Wehbach
Brühl-kopf
Brühlhof
Grindel
Hütten-berg
Kircher-hütte
Riegel
P
Kirchen (Sieg)
Molzberg
Freus-burg
Freusburg
D JH
Back-haus
Freus-burger-mühle
Kirche
Bahnhof
B 62
Herkersdorf
Dornberg
Ringelscheid
Struth
B 62
Sieg
Eute-neuen
Katzenbach
Wasser-behälter
Kahlberg
Ottoturm
Weißenstein
Offhausen
Büdenholz
Unter-büdenholz
Mudersbach
Brachbach
Sieg
Birken
Hohe Ley
In den Karpathen
Kohlen-berg
N
0
1 km

*weg* hinweg gehen wir geradeaus auf den *Wasenweg*, weiterhin X11 und XSn(ördlich) (rechts hinunter die Zeichen X und S des Westerwaldvereins). Rechterhand das alte Schulhaus, jetzt Museum. Es geht weiter steil abwärts, nach dem letzten Haus auf Fußweg, und links weiter abwärts auf der erreichten Straße. Unten trennen sich die Markierungen an einer Kreuzung.

Wir gehen geradeaus mit XS auf die *Wiesentalstraße* und dann das Bachtal aufwärts bis zu einem Rastplatz mit Schutzhütten. Wir überqueren den Bach und gehen auf dem mittleren Weg weiter, jetzt rechts des Baches. Der Weg steigt stärker an und schwenkt nach rechts. Nach kräftigem Anstieg treffen wir auf einen festen Querweg, auf dem es scharf rechts weitergeht. Wir bleiben auf dem Weg und umrunden links eine Schutzhütte. Der Weg verläuft weiter im Hang und mündet in einen Querweg, auf dem es links weitergeht. Wir passieren den *Erzquell* (alter Bergbaustollen). Nach einer Einmündung kommt man durch eine Schranke, und der Weg gabelt sich.

Wir verlassen die X-Markierung und gehen rechts hinunter auf den breiteren Weg zur B 62 am Ortseingang von *Brachbach.* Wir überqueren die Bundesstraße schräg links in den Ort und gehen auf der *Büdenholzer Straße* abwärts.

An ihrem Ende geht es nach rechts Richtung Kirchen (Markierung M3). Wir gehen über die *Sieg* und biegen gleich hinter der Brücke links ab. Es geht den M3-Zeichen gemäß auf einen festen Weg, der ein Seitental hochzieht. Wir kommen an einem alten Bergwerksstollen vorbei. Oberhalb davon bleiben wir im Linksbogen auf dem festen Weg, über den Bach hinweg. Dann gehen wir neben einem Teich geradeaus das Tal hoch und kommen steil aufwärts zu einer Quelle. Hier zunächst noch geradeaus hoch und kurz darauf scharf rechts ab in den zweiten Weg. Das ist der obere Weg, der befestigt ist. Der Weg steigt im Hang weiter an. Am Wasserschutzgebiet schwenkt der Weg nach rechts und wir kommen über einen kleinen Platz. Wir biegen in den nächsten Weg scharf links hoch und treffen auf einen breiteren Hangweg, dem wir scharf rechts folgen. Dieser Weg mündet schließlich auf der Höhe in einen Querweg.

Wir gehen nach rechts, Markierung X24. An einer Kreuzung mit Sitzbänken gehen wir geradeaus. Wir bleiben auf diesem Weg bis zu einem eingezäunten Hochbehälter. Hier geht es rechts hinunter, entweder gerade ziemlich steil oder den Markierungen entsprechend auf einen bequemeren Pfad. Wir kommen unter der Hochspannungsleitung durch und halten uns dann rechts zum *Ottoturm,* der eine umfassende Aussicht bietet. Weiter mit den X-Zeichen geradeaus am Turm vorbei und dahinter links. Wir kommen dann auf dem Schotterweg abwärts nach *Herkersdorf* und in der Siedlung geradeaus abwärts.

Noch bevor das Ortausgangsschild erreicht wird, geht es am Haus 1 rechts ab, somit das X24-Zeichen verlassend. Beim Hotel *Druidenschlößchen* auf die Landstraße, die nur wenige Meter berührt wird und am Parkplatz rechts ab auf den linken, unteren Weg, Markierungen S, X und Raute. Der Weg führt abwärts nach Kirchen.

Am Ende der *Druidensteinstraße* kreuzen wir die Vorfahrtsstraße, die Markierungen wieder verlassend, auf die *Feldstraße.* Diese biegt nach links und wird gepflastert. Dann schwenkt sie rechts zur Verkehrsstraße, auf der wir hinunter zur evangelischen Kirche gehen. Daneben gehen wir links abwärts in die *Schulstraße* und vor der katholischen Kirche links in die Verkehrsstraße. An der Kreuzung geradeaus abwärts auf der *Brückenstraße* über die Bahn hinweg wieder zur *Bahnhofstraße.* Links geht es zum Bahnhof, rechts zum Parkplatz am Krankenhaus.

**Essen, Baldeneysee mit Blick auf Villa Hügel**

(© Werbe- und Verkehrsamt der Stadt Essen, Stadtbildstelle Essen)

# Die Ruhr-Rhein-Tour

Die aufeinander folgenden sieben Streckentouren 41–47 stellen zusammengenommen eine 152 Kilometer lange Wanderung von Essen nach Königswinter dar, die hauptsächlich auf dem Bergischen Weg (Hauptwanderstrecke 29) des Sauerländischen Gebirgsvereins verläuft. Die Etappenpunkte sind so gewählt, daß sie günstig mit öffentlichen Verkehrsmitteln erreicht werden können. So läßt sich die ganze Tour nicht nur als Rucksackwanderung, sondern auch als Streckenzug absolvieren. Unsere Etappeneinteilung ist nur eine Empfehlung; zur Übersicht und zur besseren Planung folgt eine Aufstellung der wichtigsten Punkte der Wanderung mit Kilometerangaben.

Alle Punkte mit Ausnahme der Großen Dhünntalsperre sind mit Bahn oder Bus täglich erreichbar (der Bahnhof Blankenberg liegt abseits der Wanderstrecke).

Aufstellung mit Kilometerangaben:

| | | | |
|---|---|---|---|
| 0 | Essen-Rüttenscheid | 78 | Biesfeld |
| 9 | Essen-Kupferdreh, Brücke | 82 | Hommerich |
| 19 | Velbert, Christuskirche | 90 | Schloß Ehreshoven |
| 26 | Neviges | 99 | Marialinden |
| 36 | Wuppertal, Schwebebahn | 108 | Seelscheid |
| 42 | Wuppertal-Cronenberg | 113 | Neunkirchen |
| 50 | Solingen-Schaberg | 119 | Winterscheid |
| 55 | Solingen-Burg (Unterburg) | 127 | Blankenberg |
| 62 | Hilgen | 131 | Uckerath |
| 68 | Große Dhünntalsperre | 146 | Margarethenhöhe |
| 74 | Bechen | 152 | Königswinter |

Wir schlagen folgende Etappeneinteilung vor:
1. Essen – Velbert, 19 Kilometer, Tour 41,
2. Velbert – Wuppertal, 17 Kilometer, Tour 42,
3. Wuppertal – Hilgen, 26 Kilometer, Tour 43,
4. Hilgen – Ehreshoven, 28 Kilometer, Tour 44,
5. Ehreshoven – Seelscheid, 18 Kilometer, Tour 45,
6. Seelscheid – Uckerath, 23 Kilometer, Tour 46,
7. Uckerath – Königswinter, 21 Kilometer, Tour 47.

Die Strecke Neviges – Wuppertal ist recht unattraktiv, so daß sich anbietet, in *einer* Etappe von Essen über Velbert nach Neviges zu wandern (26 Kilometer) und die Wanderung dann in Wuppertal fortzusetzen.

# 41 Vom Ruhrgebiet über den Baldeneysee

**Ausgangspunkt** Essen-Rüttenscheid, U-Bahnstation Florastraße in der Rüttenscheider Straße. Parkmöglichkeit unweit in der Ursulastraße.
**Zielpunkt** Velbert Stadtmitte, Christuskirche. Schnellbus nach Essen sowie ab Haltestelle Postamt nach Wuppertal, ansonsten Bus über Essen-Werden (S-Bahn-Anschluß) nach Essen-Bredeney (Straßen-/U-Bahn) und Bus (ab Postamt) über Neviges nach Wuppertal. Die Schnellbusse verkehren nicht sonntags.
**Rückfahrt** Entweder mit dem Schnellbus nach Essen Hauptbahnhof und mit der U-Bahn zur Florastraße oder mit dem Bus nach Essen-Bredeney und weiter mit der Straßenbahn.
**Tourenlänge** 19 Kilometer. **Wegzeit** 5 Stunden.
**Höhenunterschiede** 280 Meter.
**Wegmarkierung** X29 (Bergischer Weg).
**Wanderkarte** Freizeitkarte 1:50 000, Blatt 13.
**Wissenswertes** Mit dem Beginn unserer Tour greifen wir über das Bergische hinaus ins Ruhrgebiet. Wer hier nur an die gar nicht mehr so häufigen Zechen und Schlote denkt, wird schnell eines Besseren belehrt. Südlich des geschlossenen Essener Stadtgebiets erstreckt sich alles, was des Wanderers Herz begehrt. Von den Waldeshöhen kommen wir hinunter an den *Baldeneysee,* einen Stausee der Ruhr. Der Steinkohlenbergbau ist kontinuierlich nach Norden gewandert, die 1973 stillgelegte Zeche Carl-Funke, deren Förderturm wir passieren, war eine der letzten unmittelbar an der Ruhr. Zuvor kommen wir am alten Holzlagerplatz der Zeche vorbei. Hier befindet sich ein einmaliges Naturdenkmal: im Steilhang des Ruhrtals treten die ansonsten tief unter der Erde verborgenen kohleführenden Gesteinsschichten unmittelbar ans Tageslicht (sogenannte *Sutan-Überschiebung*). *Velbert* hat sich zu einem Zentrum der Schloß- und Beschlagsindustrie entwickelt; ungefähr 20% des Weltbedarfs werden hier produziert.

**Tourenbeschreibung** Von der U-Bahnstation *Florastraße* gehen wir in die *Katharinenstraße* und weiter auf der *Ursula-Straße,* hier Parkplatz. Links in die *Manfredstraße.* Geradeaus in den Wald und über die Autobahn. Hinter einem Bach rechts aufwärts auf einen Teerweg. Kurz vor dem Waldrand biegt der Weg nach links. Einen breiten Querweg kreuzen, geradeaus auf Pfad. Am Siedlungsrand links auf festen Weg, über den Bacheinschnitt und geradeaus (die Markierung wird kurz verlassen) zur *Franken-*

*straße.* Geradeaus über die Straße in den Wald, wir treffen wieder auf die X29-Markierung, gemeinsam mit XR. Links in den nächsten Weg Richtung *Kluse.* X29 führt geradeaus abwärts, über zwei Querwege hinweg. Wir erreichen das Gasthaus *Kluse* und biegen hier nach rechts. Links auf der Straße durch zwei Unterführungen. Dahinter biegen wir scharf links und wieder rechts. Nach einem Fachwerkhaus geradeaus weiter (XR wird kurz berührt), neben weiterem Haus links hoch und dann zweimal rechts. In den nächsten Weg wieder links und aufwärts zum Gasthaus *Heimliche Liebe.* Geradaus zu Häusern. Noch vor Erreichen der Verkehrsstraße biegen wir hinter einer Ziegelscheune rechts ab. Nach Waldeintritt über einen Querweg hinweg und nach links. Der Weg verläuft an der *Isenburg* vorbei oberhalb des *Baldeneysees* zum Gasthaus *Schwarze Lene.* Links davon neben der Garage auf einen Waldweg. Weiter durch den Hang und scharf rechts über einen Querweg hinweg. Der Weg

verschmälert sich und führt dann über Stufen und Serpentinen abwärts ins Tal. Neben einem Haus wenden wir uns nach rechts (geradeaus der ehemalige Holzplatz der Zeche *Carl-Funke,* hier Naturdenkmal Sutan-Überschiebung) und dann am Seeufer nach links. Wir passieren den Förderturm der stillgelegten Zeche und bleiben am Seeufer, bis uns die Anlagen eines Yachtclubs ein

Stück auf die Straße zwingen. Dahinter wieder ans Ufer und durch das Naturschutzgebiet zur ehemaligen Eisenbahnbrücke. Auf ihr gehen wir rechts über den See.

Am anderen Ufer (wir befinden uns jetzt in *Kupferdreh)* gehen wir wieder ruhrabwärts. Wir passieren die Zementfabrik und einen Haltepunkt der Museumsbahn *Hespertalbahn.* Wir biegen links auf den zweiten Pfad, der über das Bahngleis ein Seitental aufwärts führt. Bei einem Haus auf die andere Talseite wechseln und neben einem trockenen Einschnitt her. Geradeaus auf schmalen Privatweg und zur Straße. Wir folgen ihr rechts und gehen hinter dem Gasthaus *Grunewald* halblinks in den Wald. An Kreuzung nach links und in den Fichten rechts halten. Man trifft auf einen breiten Weg, auf dem es rechts aufwärts geht. Wir gehen geradeaus, bis wir zu einer großen Hecke aus Lebensbäumen kommen und gehen hier geradeaus auf den schmalen Pfad. Dieser knickt vor Fichten nach links, dann rechts auf Schotterweg. Links auf breiten Teerweg und in der Senke nach rechts. Der schlechte Weg führt hinunter ins *Hesperbachtal.* Hier kurz auf der Straße und links über den Bach (Haus 68–70). Hinter den Teichen nach rechts und den Teerweg links durch eine hölzerne Sperre verlassen (Markierung A2). Erst am Bach, dann steigt der Weg an zum Gasthaus *Waldcafe.* Hier geradeaus weiter (X17 wird gekreuzt) auf Schotterweg. Wenn dieser links hochbiegt, gehen wir geradeaus weiter auf dem Hangweg das Tal aufwärts, bis der Weg schließlich am Ende in eine Straße mündet. Ihr folgen wir nach rechts und links in die *Werdener Straße* (B 224). An der Ampelkreuzung gehen wir rechts auf die Straße Richtung *Birth* (geradeaus beginnt *Velbert*) und dann am Verkehrskreisel links in den Weg *Krewinkler Höfe.* Links ab in den nächsten Weg und geradeaus unter der Autobahn durch. An Kläranlage vorbei talaufwärts. Die Talseite wird gewechselt, dann geht es unter dem Eisenbahnviadukt durch zur *Parkstraße.* Diese kurz rechts, kurz links auf die Straße Richtung Uelenbeek und links in die Anlagen. Wir steigen etwas an und halten uns rechts. Man passiert einen Holzbogen und geht Ende des Wegs rechts abwärts. Neben Getränkemarkt schräg links über eine Straße und im Wald auf dem mittleren Weg weiter. Vorbei an einem Pavillon zum Waldrand. Hier links in das Wohngebiet hinein und rechts auf die *Blumenstraße.* Zunächst die *Dürer-,* dann die *Friedrich-Ebert-Straße* (links zur Bushaltestelle Postamt) kreuzen. Schließlich über die *Offerstraße* hinweg auf Fußgängerweg. Geradeaus über die Fußgängerzone neben der Sparkasse zur *Christuskirche.* Davor setzt sich die Wanderung nach rechts fort, zur Bushaltestelle links.

# 42 Zur Marienwallfahrt von Neviges

**Ausgangspunkt** Velbert Stadtmitte, Christuskirche, Parkmöglichkeit unweit im Bereich Grünstraße/Güterstraße. Schnellbus Wuppertal Hbf – Velbert und Essen Hbf – Velbert (Haltestelle Postamt), Bus Wuppertal – Neviges – Velbert, Bus Essen-Bredeney (U-/Straßenbahn) – Essen-Werden (S-Bahn) – Velbert (Postamt). Die Schnellbusse verkehren nicht sonntags.
**Zielpunkt** Wuppertal, Schwebebahnstation Varresbecker Straße.
**Rückfahrt** Mit der Schwebebahn nach Wuppertal-Elberfeld/Hbf, von hier mit Bus bzw. Schnellbus nach Velbert. Umstieg zum Bus schon vorher am Robert-Daum-Platz möglich.
**Tourenlänge** 17 Kilometer.
**Wegzeit** 4,5 Stunden.
**Höhenunterschiede** 200 Meter, bis Neviges 140 Meter.
**Wegmarkierung** X29 (Bergischer Weg).
**Wanderkarte** Freizeitkarte 1:50 000, Blatt 13.
**Anmerkung** Wer nur eine kurze Wanderung machen will, geht von Velbert bis Neviges (7 Kilometer) und läßt die nicht sehr attraktive Strecke Neviges – Wuppertal aus. Man kann auch in Kombination mit der vorhergehenden Tour 41 in *einer* Etappe von Essen nach Neviges wandern (26 Kilometer). Von Neviges Bahn nach Essen, Bahn und Bus nach Wuppertal, Bus nach Velbert.
**Wissenswertes** In *Neviges* liegt die Moderne gleich neben dem Alten. Seit 300 Jahren wird zum Gnadenbild der Immakulata gepilgert. Neben dem alten Ortskern wurde 1965–68 die neue Kirche »Maria, Königin des Friedens« mit dem Wallfahrtszentrum erbaut. In Neviges herrschte einige Zeit das Geschlecht der *Hardenbergs,* die später an Stelle ihrer alten Burg 1682–92 das gleichnamige Wasserschloß bauten (heute u.a. Ausstellung zur Geschichte der Nevigeser Wallfahrt). *Velbert* siehe Tour 41, *Wuppertal* siehe Tour 4.

**Tourenbeschreibung** Wer vom Postamt (Bus von Essen) ausgeht, wandert ein Stück über die *Friedrich-Ebert-Straße* und trifft links ab in die *Blumenstraße* auf den Wanderweg. Über die *Offerstraße* hinweg auf Fußgängerweg. Geradeaus über die Fußgängerzone neben der Sparkasse zur *Christuskirche.* Davor rechts weiter.

An der Kirche links in die *Grünstraße* und beim Arbeitsamt rechts in die *Güterstraße.* Wir kreuzen die *Langenberger Straße*

**Schloß Hardenberg** (© Günter R. E. Richter)

wenige Meter nach rechts versetzt. Links unter der Bahn durch, dahinter rechts weiter abwärts auf dem Weg *Birkental* und in der Senke nach links (Markierung kopfstehendes T), talabwärts unter der Autobahnbrücke durch. Vorbei an Wassergewinnungsanlage und einem Haus auf eine Birkenallee. Neben kleinem Unterstand halbrechts auf unbefestigten Weg und an Gabel rechts. Mit dem Pfad aufwärts. Vor einem Anwesen rechts und sofort wieder links auf Privatweg. Der Weg mündet in eine Straße, es geht links, die Richtung beibehaltend, weiter. Die Straße wird scharf rechts auf den Weg zu den Häusern 190–194 verlassen. Hinter den Häusern über den Bach und nach rechts talaufwärts. Vor dem Waldrand links ab auf den rechten Pfad und vor dem Zusammenfluß zweier Bäche links steil hoch. Neben einem Friedhof kreuzen wir schräg links eine Straße auf gepflasterten Privatweg (Haus 108). Geradeaus auf unbefestigtem Weg zur Waldecke, hier kurz rechts und scharf links, am Waldrand abwärts. Im Wald scharf links in Querweg und abwärts ins Tal. Hier vor der Bahn nach rechts und neben der Bahn bleiben. Links jenseits der Bahn liegt *Schloß Hardenberg* (Abstecher links über die Brücke). Geradeaus erreicht man *Neviges.* Am Ortsrand halten wir uns links (geradeaus die moderne Wallfahrtskirche) und zum Bahnhof gleich wieder links mit den X-Zeichen in die Anlage, ansonsten geradeaus links hinunter auf der *Klosterstraße.* Am alten Kloster rechts in die *Elberfelder Straße* und in den alten Ortskern. Hier links zum *Markt* mit dem Busbahnhof.

Wir überqueren die Verkehrsstraße und halten uns Ende des *Marktes* nach links, rechts an einer Metzgerei vorbei, gehen links kurz in die Verkehrsstraße und scharf rechts aufwärts in *Am Pastoratsberg.* Scharf links in *Zum Irrtum* (kein Irrtum). Am Ende der Treppe links weiter hoch. Auf dem *Schanzenweg* über freies Feld neben Sportplatz zu einer Siedlung. Wir kreuzen diese, die Richtung beibehaltend. Ein Waldstück passieren und weiter mit gleicher Richtung am Siedlungsrand. Am Ende des *Schanzenwegs* wenige Meter rechts und vor dem *Edeka*-Laden nach links. Geradeaus über Verkehrsstraße und Bahn (Anrufschranke). Weiter geradeaus (ein Stück gesperrter Privatweg kann links umgangen werden), ab einem Haus wieder auf Teerweg. Wir befinden uns weiterhin auf dem *Schanzenweg.* Geradeaus bis zur Straße und diese nach links. Rechts ab auf die Straße Richtung Wülfrath *(Oberdüsseler Weg).* Links mit dem *Farnweg* ins *Wuppertaler* Stadtgebiet und links in den Weg *Am Jagdhaus*

(Sackgasse). Über Querstraße hinweg rechts in die Straße *Birkenhöhe.* Am Ende rechts auf Straße *In den Birken.* Vor dem *Katernberger Vereinshaus* links ab auf Fußweg, dann kurz rechts zum Gasthaus *Karpathen* und hier wieder links. Auf der Höhe rechts in den Wald und geradeaus am Rand der Siedlung *Gute Hoffnung.* Im Wohngebiet abwärts zu einer Straße und links über die Autobahn. Dahinter an der Kreuzung geradeaus im Rechtsbogen auf die *Kriegerheimstraße* und links in den *Hacklandweg.* Vor Haus 41 links und am Waldrand rechts auf Trampelwegen hoch. Oben geradeaus über einen Querweg. Bei Parkplatz rechts zum *Emil-Weyerbusch-Turm.* Hier rechts halten und am Siedlungsrand zunächst links abwärts, dann rechts auf dem *Dohlenweg* in die Siedlung. Links in *Rabenweg,* rechts in *Kyffhäuser Straße* und an deren Ende nach rechts *(Nützenberger Straße).* Links in die Stichstraße zu den Häusern 329–321 und weiter auf der *Sauerbruchstraße.* Zwischen Haus 42 und 40 links auf Fußweg und rechts durch den Talhang des *Wuppertals.* Geradeaus abwärts ins Tal und auf der *Friedrich-Ebert-Straße* links zur Schwebebahnstation *Varresbecker Straße.* Die Wanderung wird vor der Station nach rechts über die *Wupper* fortgesetzt.

# 43 Auf und ab an der Wupper

**Ausgangspunkt** Wuppertal, Schwebebahnstation Varresbecker Straße. Parkmöglichkeit etwas abseits der Wanderroute auf dem Großparkplatz zwischen Stadion und Zoo am Boettinger Weg, der über die Sonnborner Straße erreicht wird.
**Zielpunkt** Hilgen. Buslinien Dabringhausen – Hilgen – Burscheid – Opladen, Remscheid – Wermelskirchen – Hilgen – Leverkusen-Schlebusch – Köln, Burscheid – Hilgen – Solingen.
**Rückfahrt** Entweder Bus nach Opladen, weiter Bahn nach Wuppertal-Vohwinkel und mit der Schwebebahn (Varresbecker Straße) oder S-Bahn (Zoologischer Garten), oder Bus nach Remscheid, weiter Bahn oder Bus nach Wuppertal Hbf und mit Schwebe- oder S-Bahn.
**Tourenlänge** 26 Kilometer, Teilstrecken siehe Anmerkung.
**Wegzeit** 6,5 Stunden, Teilstrecken siehe Anmerkung.
**Höhenunterschiede** 880 Meter. Wuppertal – Schaberg 600 Meter, Schaberg – Hilgen 280 Meter. Bei Abstecher über Schloß Burg (Seilbahn) 60 Meter weniger.
**Wegmarkierung** X29 (Bergischer Weg).
**Wanderkarte** Freizeitkarte 1:50 000, Blatt 19.
**Anmerkungen** Wem die Strecke zu lang ist, kann sie in Solingen-Schaberg unterbrechen. Schaberg ist Haltepunkt an der DB-Strecke Wuppertal – Remscheid – Solingen – Solingen-Ohligs.
a) Wuppertal – Schaberg 14 Kilometer, 3,5 Stunden.
b) Schaberg – Hilgen 12 Kilometer, 3 Stunden.

Wer einen Abstecher über *Schloß Burg* machen will, geht in *Unterburg* vor der *Wupper* rechts zur Seilbahn und fährt mit ihr auf nach *Oberburg.* Man hält sich von der Bergstation rechts (Markierung Doppelwinkel) und geht durch die Schloßanlage. Vor Erreichen der Straße rechts abgehen, über den Parkplatz hinweg, auf den Fußweg nach Höhrath mit Markierung X19. Steil durch einen Taleinschnitt und oberhalb eines Ehrenmals. Man erreicht *Höhrath* (die Markierung S im Kreis ist zuvor dazugestoßen) und geht auf der Straße rechts in den Ort. An der Haltestelle *Angerscheid* biegt man links ab, jetzt nur noch mit dem Zeichen S im Kreis. Der Weg schwenkt nach rechts und erreicht den Waldrand, wo es links weitergeht, jetzt wieder auf der X29-Route.

**Wissenswertes** Wenn man Hilgen erreicht, sind knapp 900 Höhenmeter Aufstieg bewältigt. Die Königsetappe ist zugleich die Bergischste: im Auf und Ab an der tief eingeschnittenen Wupper und ihren Seitenbächen werden auf der äußerst reizvollen Wanderstrecke drei der Hauptsehenswürdigkeiten des Bergischen Landes passiert.

*Wuppertal* siehe Touren 4 und 12, *Müngstener Brücke* siehe Tour 11, *Schloß Burg* siehe Tour 9.

**Wuppertal, Botanischer Garten** (© Stadtverwaltung Wuppertal)

**Tourenbeschreibung** Von der Schwebebahnstation vor einem Werksgelände rechts auf die *Tiergartentreppe* und über den Fußgängersteg. Mit weiteren Stufen über die Bahn, rechts und an der abknickenden Vorfahrt links in die *Freyastraße.* Diese aufwärts und an ihrem Ende links in den *Selmaweg.*

Vom angegebenen Parkplatz aus rechts aufwärts durch die *Hubertusallee,* an Akademie und Zoo-Haupteingang vorbei und an der Zoomauer bleibend auf den *Selmaweg.*

Steil hoch, über eine ehemalige Bahntrasse. Am Siedlungsende geradeaus in den Wald. An einem Wegetreff auf dem mittleren Weg weiter. Auf der Höhe zu einer Schutzhütte, hier einen Teerweg kreuzen. Die Markierung X7 läuft kurz mit, X29 geht dann geradeaus abwärts und an Gabel auf den unteren Weg. Wieder über die alte Bahn und kurz dahinter links in den Hang. Steil durch den Bacheinschnitt und geradeaus auf Waldfahrweg. An der *Kaisereiche* geradeaus weiter, rechts an der Bahn entlang, zu einem Fahrweg. Diesen rechts abwärts. Der Weg biegt nach links, rechts eine Bildungssstätte. An zwei Gabeln hinter einem Taleinschnitt auf den linken Weg und am Schutzpilz geradeaus. Wieder an zwei Gabeln auf den linken Weg. Beim Zusammenfluß mehrerer Bäche gehen wir scharf links hinunter, zweimal rechts über den Haupt- und einen Seitenbach und dann links hoch. Wir kommen oberhalb eines kleinen Schwimmbads vorbei und kürzen dann scharf rechts hoch nach *Cronenberg* ab. Auf die *Hütter Buschstraße,* an ihrem Ende kurz links und rechts auf der *Hütter Straße* in den Ortskern.

Hier gehen wir abwärts auf die *Rathausstraße* Richtung Bezirk Sudberg und geradeaus auf der *Berghauser Straße* weiter. Links ab in die *Bücherhofer Straße.* Diese biegt nach rechts und weiter auf der *Eichstraße.* An ihrem Ende links abwärts in die *Pflegeheimstraße.* Am Ende der Straße links halten auf Schotterweg. Steil abwärts in ein Tal und über den Bach rechts talwärts. Über einen Seitenbach und später auf die andere Talseite. Bei kleinem Fachwerkhaus geradeaus abwärts auf einen Teerweg. Vor Erreichen der Straße (geradeaus Gasthaus *Zur Wildschützaue*) rechts ab auf den am unteren Hang verlaufenden Weg. Ansteigend erreichen wir einen Teerweg, auf dem es abwärts durch den Weiler *Berg* geht. Wenn der Weg sich links zum *Pranger Kotten* wendet, geht es geradeaus weiter am Hang bleibend. Wir überqueren einen Seitenbach und gehen dahinter links sehr steil die Böschung hoch. Unmittelbar bei einer Hauseinfahrt geht es rechts hoch, teilweise sehr steil durch den Hang zum Waldrand aufwärts, wo wir uns links halten und in Waldrandnähe bleiben. Wir kommen zu einem Teerweg, auf dem wir rechts wieder Wup-

Schwebebahn-
station
Varresbeck
WUPPERTAL
Südstadt
N
Sonnborn
P
Zoo
Stadion
In der
Dalster
Im Honigs-
tal
Wupper
Buchenhofen
Küllenhahn
Hahner-
berg
Burggrafen-
berg
Burgholz
Hensges-
Neuhaus
Ober-
dahl
Flockerts-
berg
Cronen-
berg
Vorder-
Hinter-
dohr
Friedenstal
Kuch-
hausen
Unter-
kirchen
Wahlert
Gerstau
Ketzberg
Möschen-
born
Hasten
Breitenbruch
Kohlfurter-
brücke
Rottsiepen
Altenfeld
Berghausen
Rheinbach
Hütz
Holz
Ober-
kohlfurt
Aue
Unter-
Berg
Fürberg
Wupper
Wüst-
holz
Papier-
mühle
Becker-
aue
Morsbach
SOLINGEN
Sudberg
REM-
SCHEID
Theegarten
Vierings-
hausen
0
1 km

pertaler Gebiet erreichen. In *Hintersudberg* gehen wir an der Hausnummerntafel nach links, dann nach rechts und wieder nach links, vorbei an Haus 35. Der Pfad führt im Wald mit Serpentinen abwärts, dann kurz den Bach hoch und links über ihn hinweg. Es geht dreimal links in Querwege weiter. Dann gehen wir scharf rechts hinunter und wieder links. Durch den Felshang kommen wir hinunter zur Straße, der wir scharf rechts zur Einmündung folgen. Mit der Querstraße links über den *Morsbach,* vor der Einmündung in die B 229 rechts hinunter auf den Fußweg Richtung Müngsten unter der Bundesstraße durch und scharf rechts über die *Wupper.* Über eine Querstraße und im Waldhang auf Serpentinenpfad aufwärts. Dieser mündet in breiteren Weg ein, auf dem es geradeaus hoch geht. Neben einem Grundstück halten wir uns links nach *Schaberg.* Vor der Bahneinkerbung links zum Bahnhof und geradeaus an ihm vorbei.

Im Hang neben der Bahn abwärts und scharf rechts unter die *Müngstener Brücke.* Gleich dahinter gehen wir auf dem rechten, oberen Weg weiter. Der Weg windet sich durch den oberen Hang des *Wuppertals,* führt am Gedenkstein zur Errichtung des *Klingenpfades* (Solinger Rundweg, der ein Stück mitläuft) vorbei und einem Aussichtspavillon. Weiter durch den Hang fällt der Weg schließlich zu einem breiteren Weg, auf dem es rechts weitergeht. Dieser Weg durchschwenkt zwei Taleinschnitte. In der Rechtsbiegung nach dem zweiten Einschnitt wird der Weg links abwärts auf einen etwas eingeschnittenen Weg verlassen. Wir kommen durch Felsen ins *Wuppertal* hinunter. Nach Überqueren eines Seitenbaches (geradeaus Gasthaus *Wiesenkotten*) gehen wir scharf rechts das Seitental hoch. Der Weg biegt scharf links und geradeaus auf Hangweg scharf rechts. Der Weg führt aus dem Wald zu Straße mit O-Bus-Leitung, der wir links folgen. Dann links ab, über einen Parkplatz, dem Fußweg nach Unterburg folgend. Schließlich geht es durch einen Einschnitt auf die andere Seite des Bergsporns und steil hinab nach *Unterburg.* Hier halten wir uns links und überqueren die *Wupper* (wer einen Abstecher zum *Schloß Burg* machen will, bleibt diesseits der *Wupper* und geht zur Seilbahntalstation, siehe Anmerkung).

Hinter der Brücke rechts und links am Cafe *Holthaus* vorbei in den alten Ortskern. Hier Richtung Höhrath und auf dem *Waldemar-Specht-Weg* durch den Felshang an der *Wupper.* Der Pfad gabelt sich im Hang, wir biegen links in ein Seitental, wo wir auf dem unteren Pfad weitergehen. Neben dem Bach geradeaus aufwärts, beim Zusammenfluß zweier Bäche auf dem rechten Weg. Steil hoch nach *Höhrath.* Kurz rechts auf der Straße (hier X19) und neben der Busschleife scharf links. Zunächst am Waldrand,

SOLINGEN
Wupper
Vieringhausen
B 229
N
Windfeln
Güldenwerth
P
REMSCHEID
Reinshagen
Schaberg
Bf.
Krahenhöhe
Müngstener Brücke
Ehringhausen
Tyrol
Wieden
Dorperhof
Küppelstein
Kellershammer
Birken
Westhausen
Eschbach
Bertramsmühle
Scharfhausen
Jagenberg
Hästen
P
Burg
Neuenflügel
Pfaffenberg
Strohn
Unterburg
Oberburg
Burgerhöhe
P
Schloß Burg
Büschhausen
Glüder
Strohnerhöh
Wupper
Unterwinkelhausen
Sengbachtalsperre
Höhrath
Oberwinkelhausen
Flamerscheid
A 1/E 37
Meie
Brachhausen
Ellinghausen
Nüsenhöfen
Bern
Kuhle
Hölverscheid
Witzhelden
Altenbach
Höhscheid
Großbruch
Leie
Neuenhaus
Wersbach
Heide
Kleinbruch
B 51
Nüxhausen
0
1 km
Benninghausen
Großösinghausen
Hilgen
NSG
Bechhausen

**Müngstener Brücke** (© Stadt Remscheid)

schwenkt der Fahrweg rechts in den Wald ein. Mit weiten Windungen geht es durch zwei Zuflußtäler der *Sengbachtalsperre.* Schließlich ein drittes Zuflußtal aufwärts bis zu einem Unterstand, wo wir uns links halten, unter dem Autobahnviadukt durch. Der Teerweg führt das Tal aufwärts, vorbei an der *Brucher Mühle.* 20 Meter nach Einmündung der *Kleinbrucher Straße* halbrechts auf unbefestigten Weg. Dieser führt vorbei an einem Haus aufwärts nach *Hilgen.* Geradeaus zur B 51 *(Kölner Straße).* Auf ihr geht es rechts weiter Richtung Leverkusen.

# 44 Über fünf Flüsse zur Agger

**Ausgangspunkt** Hilgen. Buslinien Opladen – Burscheid – Hilgen – Dabringhausen, Köln – Leverkusen-Schlebusch – Hilgen – Wermelskirchen – Remscheid, Solingen – Hilgen – Burscheid.
**Zielpunkt** Schloß Ehreshoven im Aggertal zwischen Overath und Engelskirchen. Bus Gummersbach – Dieringhausen – Engelskirchen – Ehreshoven – Overath (kein Bahnhaltepunkt).
**Rückfahrt** Bus nach Overath, Bahn nach Köln, Bus nach Hilgen.
**Tourenlänge** 28 Kilometer, Teilstrecken siehe Anmerkung.
**Wegzeit** 7 Stunden, Teilstrecken siehe Anmerkung.

**Höhenunterschiede** 640 Meter. Hilgen – Bechen 300 Meter, Hilgen Biesfeld 400 Meter, Bechen – Ehreshoven 340 Meter, Biesfeld – Ehreshoven 240 Meter.
**Wegmarkierung** X29 (Bergischer Weg).
**Wanderkarte** Freizeitkarte 1:50 000, Blatt 19.
**Anmerkungen** Wem die Strecke zu lang ist, kann sie in Bechen oder Biesfeld unterbrechen und in zwei Hälften von 12 bzw. 16 Kilometern (3 bzw. 4 Stunden) zurücklegen. Buslinien Bergisch Gladbach – Bechen (-Kürten) – Wipperfürth und Bergisch Gladbach – Biesfeld – Kürten – Wipperfürth.

Hinweis für Rucksackwanderer: In Ehreshoven keine Übernachtungsmöglichkeit. Zum Quartiernehmen fährt man vom Schloß mit dem Bus nach Engelskirchen oder Overath.
**Wissenswertes** Das Bergische Land wird nach Westen, zum Rhein hin, entwässert. Daher ist die Ost-West-Richtung die Hauptrichtung der Flüsse. Wer von Nord nach Süd wandert, muß zwangsläufig die Flüsse kreuzen und hat so beständiges Auf und Ab vor sich. An den Außenseiten der Kirche von *Bechen* sind bemerkenswerte Sandsteinreliefs. *Eifgenbachtal* siehe Tour 8, *Große Dhünntalsperre* siehe Tour 14, *Hohkeppel* und *Ehreshoven* siehe Tour 28.

**Tourenbeschreibung** Ab Ortsmitte auf der B 51 *(Kölner Straße)* Richtung Leverkusen, über alte Bahneinkerbung, vor ockerfarbenem Haus 141 links ab und weiter im Rechtsbogen. Ende der *Waldstraße* links abwärts, Ende *Erlenstraße* rechts und nach 15 Metern vor rotverputztem Haus links hinunter. Ein Stück durch Wald, dann durch die Siedlung *Eschhausen.* An der Waldecke links hinunter, im Wald ein Seitental abwärts ins *Eifgenbachtal* und talwärts zur *Markusmühle.* Links haltend die Straße zu den Mühlengebäuden überqueren. Über einen Seitenbach und dahinter links, das Seitental aufwärts. Nach Waldaustritt scharf rechts hoch nach *Limmringhausen.* Vor Erreichen der Straße links ab in Teerweg (nicht rechts auf die Straße, Markierung ist irreführend). Der Weg steigt dann noch etwas, und wir biegen bei einzelnem Anwesen rechts zur Straße. Diese kurz rechts und links in Sackgasse. Rechts an zwei Häusern vorbei und dahinter ungeteert nach links. In den Wiesen knickt der Weg nach links zum Wald und führt als Pfad abwärts, der dann ins *Linnefetal* einschwenkt. Hier biegen wir scharf rechts auf den talwärts führenden Weg ein. Der Weg knickt zweimal rechts um einen Hangsporn und führt hinab zu einem Seitenbach, vor dem wir links abbiegen. Kurz an ihm entlang, dann durch den Talgrund über die *Linnefe* und ein Seitental mit einem schmalen

Bach hoch. Kräftiger Anstieg nach *Lindscheid*. Rechts auf Teerweg durch den Ort und abwärts. Dann scharf links einschwenken durch ein grünes Tor auf dem Privatweg des Wupperverbandes zur *Großen Dhünntalsperre*. Vorbei an den Dienstgebäuden erreichen wir den Talsperrendamm, auf dem wir rechts weitergehen.

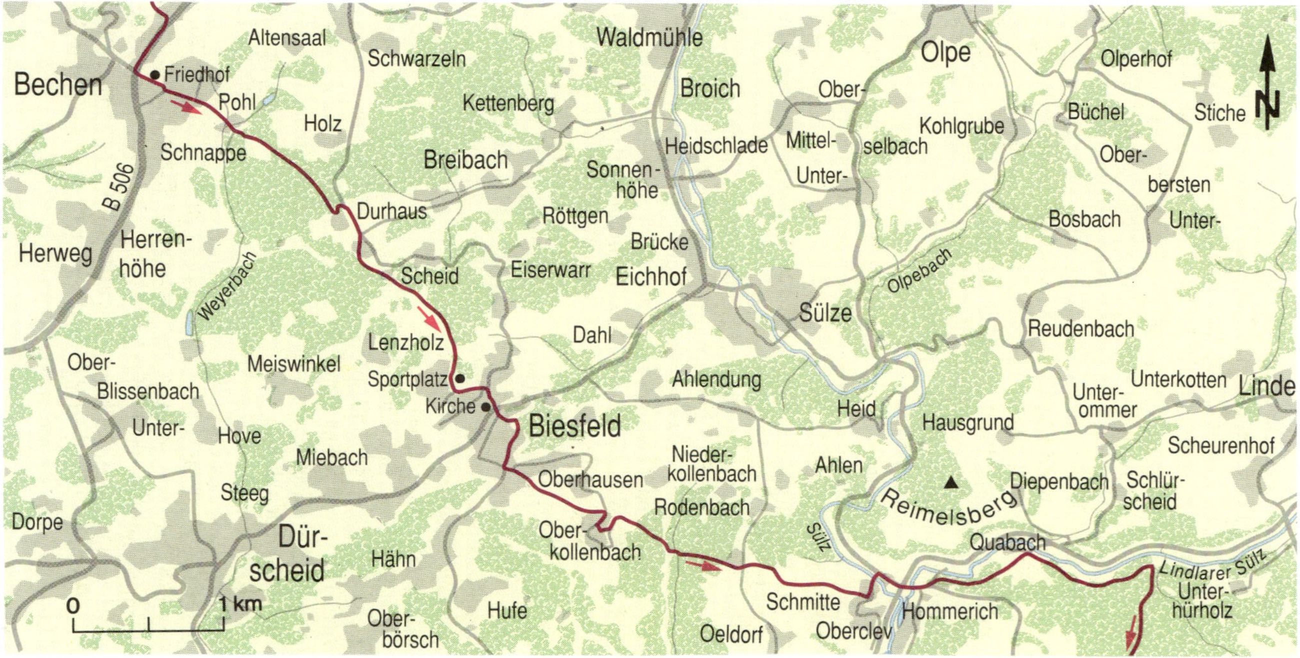
Bechen
Friedhof
Altensaal
Pohl
Schwarzeln
Holz
Kettenberg
Schnappe
Breibach
B 506
Durhaus
Herweg
Herren-
höhe
Weyerbach
Scheid
Lenzholz
Ober-
Blissenbach
Meiswinkel
Sportplatz
Kirche
Unter-
Hove
Miebach
Steeg
Dorpe
Dür-
scheid
Hähn
0
1 km
Ober-
börsch
Hufe
Waldmühle
Broich
Heidschlade
Sonnen-
höhe
Röttgen
Brücke
Eiserwarr
Eichhof
Dahl
Biesfeld
Oberhausen
Ober-
kollenbach
Nieder-
kollenbach
Rodenbach
Ahlendung
Ober-
Mittel-
Unter-
selbach
Olpe
Kohlgrube
Olpebach
Sülze
Heid
Ahlen
Sülz
Schmitte
Oeldorf
Oberclev
Hommerich
Hausgrund
Reimelsberg
Quabach
Diepenbach
Olperhof
Büchel
Ober-
bersten
Stiche
N
Bosbach
Unter-
Reudenbach
Unter-
ommer
Unterkotten
Linde
Scheurenhof
Schlür-
scheid
Lindlarer Sülz
Unter-
hürholz

Am Dammende gehen wir über einen breiten Querweg hinweg rechts auf ansteigenden Schotterweg und dann links aufwärts Richtung Eichholz/Neschen. Markierungsgemäß kommen wir durch den Hang oberhalb der Talsperre und gelangen schließlich zu einem Teerweg, auf dem es rechts weitergeht. An der Abzweigung nach Bömberg geht es links ab, am Waldrand entlang und schließlich über Wiesen zum Ortsrand von *Neschen*. Hier biegen wir links ab in einen querenden Weg. Der Weg verläuft auf und ab am Waldrand oder in seiner Nähe im Wald und erreicht schließlich einen Teerweg. Wir biegen links ab, und wenn der Teerweg rechts biegt, geradeaus auf Schotterweg. An der Gabel auf den rechten Weg Richtung Müllenberg und wieder am Waldrand oder in seiner Nähe. Im Wald unterhalb von Häusern gabelt sich der Weg, wir gehen auf dem linken Weg abwärts. Links in eine schmale Straße, rechts ab und neben einem kleinen Häuschen rechts talaufwärts. Neben Wasserbrunnen Nr. 4 links steil hoch in den Wald. Der Pfad mündet in einen Schotterweg ein, auf diesem rechts weiter nach *Bechen*. Rechts auf der B 506 zur Ortsmitte.

Hier gehen wir, wenn rechts die Straße nach Burscheid abzweigt, vor dem Landmaschinenhandel links auf *Zum Friedhof*. Nach dem Friedhof geradeaus weiter, aus dem Ort. Vorbei an Anwesen im Talgrund geradeaus hoch auf teilgepflasterten Weg. Dieser Weg wird rechts, den Waldrand entlang, verlassen. Geradeaus durch den Wald, zuletzt auf Waldfahrweg. An Kreuzung links ab auf schmäleren Weg, kurz steil abwärts und vorbei an Holzkreuz zur Straße. Dieser abwärts folgen, vorbei am *Durhaus*. Dahinter biegen wir halbrechts ab, rechts an spitzem Fichtenwäldchen entlang. Am Waldrand im Linksbogen weiter. Ansteigen und geradeaus nach *Biesfeld*. Hier links in Querstraße und abwärts zur Kirche.

Wir gehen an der Ampelkreuzung geradeaus auf die Straße Richtung Engeldorf und sofort links aufwärts in den *Waldweg*. Vor Haus 6 nach links und gleich hinter einem gelben Haus rechts hoch (nicht geradeaus in den Wald). Vorbei am *Peter-Opladen*-Gedenkkreuz. Weiter aufwärts auf Ortsstraße und an deren Ende rechts. Die Verkehrsstraße links nur ganz kurz berühren, links auf einen Privatweg, durch eine grüne Sperre und rechts hoch. Geradeaus aus dem Ort, vorbei an einem Hochbehälter, nach *Oberkollenbach*. Rechts in den Weiler und bei einem Steinkreuz links. Vor der Einfahrt zu Haus 23 links ab, gleich neben einem Schiefer-/Fachwerkhaus, dann rechts halten, einen grünen Zaun entlang. Ende des Schotterwegs rechts auf schmalen Pfad. Zwischen Weidezäunen in der Senke und dann

im Wald abwärts. Links in einen festen Weg, über den Hauptbach, gleich dahinter geradeaus und kurz darauf links in unbefestigten Weg, einen nur zeitweise wasserführenden Bacheinschnitt hoch. An einem Haus vorbei, den Weg *Ahlen* mit Linksknick kreuzen und weiter auf unbefestigtem Weg abwärts nach *Hommerich.* Wir halten uns oberhalb der Reithalle rechts, dann nach links und über die *Sülz* zur Straße.

Wir gehen an der Kreuzung geradeaus Richtung Hohkeppel über die *Lindlarer Sülz.* Links ab zu den Häusern 39–43 und das Tal aufwärts. Vor einer Brücke rechts ab, weiter diesseits des Flusses. Wir bleiben im Tal bis zu einem Wegetreff. Hier rechts ab und auf dem mittleren Weg weiter, ein Seitental aufwärts. An Schutzhütte geradeaus hoch. Schließlich links über den Bach und rechts aufwärts nach *Oberbergscheid.* Die Landstraße kreuzen nach *Unterbergscheid.* An Kreuzung mit einer Sitzbank nach links. Abwärts Richtung Vellingen. Wenn der Teerweg links nach

*Vellingen* ausbiegt, gehen wir rechts ab auf unbefestigtem Weg. Kurz am Waldrand und in den Wald. Der Weg senkt sich zur Straße, auf der wir talwärts nach *Kepplermühle* gehen. Auf der Landstraße bleiben und hinter der Mühle links ab über den *Lennefer Bach.* An der Wegegabel rechts steil aufwärts neben einem kleinen Wasserlauf. Unterhalb des Waldrands rechts hoch in die Fichten. Am Waldrand durch einen Zaundurchlaß geradeaus auf Wiesen. Wir orientieren uns zunächst auf die rote Leichenhalle am *Hohkeppeler* Friedhof zu, biegen dann jedoch rechts ab, jetzt die Kirche als Orientierungspunkt. Wieder durch Zaundurchlaß. Vor der Kirche gehen wir wenige Schritte rechts und links unmittelbar an die Kirche. Am *Laurentiusplatz* gehen wir links ab auf die Ortsstraße, die Markierung X11a läuft ein Stück mit, vorbei an *Weissen Pferdchen.* Wir gehen aus dem Ort Richtung Wüstenhof, an Gabel bei Haus *Wilhelmshöhe* auf dem rechten Weg weiter und an Kreuzung bei *Kleuelshöhe* geradeaus auf den Weg *Oberstaat* (nicht mehr X11a). Der Weg führt hinunter ins *Aggertal,* wobei wir das Cafe *Bergische Schweiz* passieren und durch *Ober-* und *Unterstaat* kommen. Dahinter gehen wir am Ortsausgangsschild im Rechtsknick der Straße geradeaus auf einen schmalen Pfad, der zur B 55 hinunterführt. Ihr folgen wir nach links, über *Agger* und Bahn, nach *Ehreshoven.* Zum Schloß geht es rechts, zur Bushaltestelle noch ein Stück weiter auf der B 55. Zur Weiterwanderung entweder rechts zum Schloß und rechts daran vorbei oder mit den Markierungen noch ein Stück auf der Straße und dann rechts, um das Schloß herum.

**Die dreiflügelige Barockanlage des Schlosses Ehreshoven stammt aus dem 16. und 17. Jahrhundert** (© Günter R. E. Richter)

# 45 Zwischen Agger und Wahnbach

**Ausgangspunkt** Schloß Ehreshoven im Aggertal zwischen Overath und Engelskirchen. Bus Overath – Ehreshoven – Engelskirchen – Dieringhausen – Gummersbach (kein Bahnhaltepunkt).
**Zielpunkt** Seelscheid. Bus Much – Seelscheid – Siegburg und Seelscheid – Neunkirchen – Hennef (-Siegburg), Haltestellen Post oder Talstraße.
**Rückfahrt** Über Siegburg oder Much nach Overath, von dort nach Ehreshoven.
**Tourenlänge** 18 Kilometer.
**Wegzeit** 4,5 Stunden.
**Höhenunterschiede** 480 Meter.
**Wegmarkierung** X29 (Bergischer Weg).
**Wanderkarte** Freizeitkarte 1:50 000, Blatt 24.
**Anmerkung** Im Naafbachtal muß vor Überqueren des Bachs eine Schlammstelle (Viehtrift) passiert werden. Dies ist nur bei Trockenheit möglich. Umgehung: An der Straßeneinmündung rechts auf die Straße Richtung Bonn, auf der Landstraße ansteigen. Rechts in die Straße Richtung Klauserhof/Schlichenbach. Kurz vor Klauserhof wird der Wanderweg wieder erreicht.
**Wissenswertes** Das Auf und Ab im Kreuzen der Täler der vorangegangenen Etappe setzt sich in dieser Tour fort. Allerdings werden zwei der schönsten Täler etwas länger verfolgt: *Schlingenbachtal* (siehe Tour 28) und *Naafbachtal* (siehe Tour 35). *Marialinden* siehe Tour 36.

**Tourenbeschreibung** Von der Schloßzufahrt aus (Parkplatz) rechts um das Schloß (wenn der Zugang geöffnet ist, kann man einen Blick in die Anlage werfen) zum Waldrand oder von der Bushaltestelle aus mit den Markierungen links um das Schloß. Wir folgen dem Waldrand und kommen an Kreuzwegstationen entlang. Der Weg schwenkt in ein Seitental ein und gabelt sich. Wir gehen rechts über den Bach und aufwärts. Wir kommen unter der Autobahn hindurch und passieren den Hof *Forkscheid.* Ein Stück durch Wald biegen wir dann im freien Feld auf der Höhe rechts ab auf den Weg *Rottland* und links in den nächsten Weg, der ebenfalls *Rottland* heißt. Ausgangs der Häuser schwenkt der Weg nach rechts und führt mit zwei Kehren in ein Bachtal hinunter. Wir gehen talwärts und am Waldrand rechts auf einen Querweg, wobei wir das naturgeschützte *Schlingenbachtal* erreichen. Weiter durch dieses Tal kommen wir zu einer

Hohkeppel
Kastor
Kleuels-
höhe
Unter-
staat
Schloß
Ehreshoven
Loope
Ober-
hasbach
Erlen-
hof
Unterheide
B 55
Stausee
Ehres-
hoven
A 4 / E 40
Forkscheid
Vilkerath
Ober-
miebach
Unter-
Heide
Hinter-
steimel
Rottland
Hülsen
Agger
Niederhof
Natur-
schutz-
gebiet
Kielskopf
Alemich
Raststätte
Klef
AS
Overath
Bernsau
Neuen-
haus
Klein-
oderscheid
Dahl
Schlingen-
thal
Krahwinkel
Tixhoven
Breidenbassel
Linde
Siefen
Hentges-
naaf
Bettenachen
Landwehr
Burg
Büscher-
höfchen
Lorkenhöhe
Groß-
oderscheid
Krampen-
höhe
Maria-
linden
Oderscheider-
berg
Ober-
grützenbach
Kirschbaum
Meegen
Birken
bei
Marialinden
Nieder-
Breitenstein
Hardt
Birken
Halzemich
Blindenaaf
Falkemich
Springen
Klauser-
hof
Növerhof
Naafbach
0
1 km
Niederheiden
Hevinghausen
N
P

Straße, mit der wir links über den *Schlingenbach* und einen Seitenbach gehen. Wir bleiben auf der Straße und folgen ihr aufwärts nach *Breidenassel.* Dahinter biegt die Straße nach links und wir verlassen sie rechts am Waldrand. Im Wald neben Jungfichten links auf einen Pfad, der zunächst am oberen Rand der Böschung entlang und dann den Hang hinunter führt. Auf schmalem Steg über den Bach und zu einem Waldfahrweg, diesen rechts talabwärts. Scharf links ein Seitental hoch nach *Marialinden.* Am Ortsrand rechts und in *Höhe* links ab, auf die imposante Kirche zu.

An der Kirche die Landstraße kreuzen auf die Straße *An den Sieben Linden.* Geradeaus auf der *Meegener Straße* durch die Siedlung. Die Straße verengt sich und schwenkt nach links. Jetzt gehen wir rechts ab auf den linken, unteren Weg. Wir kommen in ein Tal und gehen kurz nach Waldeintritt auf den linken Weg, weiter mit den X-Zeichen. Kurz nach einem Seitenbach gabelt sich der Weg erneut, wir gehen wieder auf dem linken Weg weiter, der im Wald bleibt. Der Weg setzt sich als Pfad fort, der schließlich scharf rechts ins Tal schwenkt. Schließlich trifft man auf eine Straße und folgt ihr nach links. Die Straße durchschneidet vorbei an der *Blindenaafermühle* das *Naafbachtal.* Bevor rechts die Straße Richtung Bonn abzweigt (bei Nässe die Anmerkung beachten!), gehen wir scharf rechts abwärts in den Talgrund, neben dem X29 jetzt auch X22. Neben dem Straßendamm gehen wir über den *Naafbach* und schwenken nach links, das Tal abwärts. Wenn der Weg ein Seitental hinaufzieht, biegen wir links auf einen schmäleren Weg, im *Naafbachtal* bleibend.

(© Klaus Puntschuh)

Wir biegen links ab in einen kreuzenden Querpfad (X22 geht geradeaus). Über den Bach, zuvor muß die oben erwähnte Schlammstelle passiert werden (Anmerkung). Kurz rechts auf einem breiten Fahrweg, dann links Richtung *Klauserhof* und sofort wieder rechts. Der Hof bleibt links liegen. Der Weg führt ansteigend ein Stück durch Wald und am Waldrand rechts nach *Mohlscheid.* An der Kreuzung biegen wir rechts ab, an der Gabel links weiter. Am Waldrand links in den Weg *Am Eulenwald.* Wenige Schritte nach der Einfahrt zum Haus *Funke* links hinunter auf einen Pfad in den Waldhang. Der Pfad führt über einen kleinen Seitenbach an einen Bach. Am Zusammenfluß zweier

Bäche links über den Bach und im Hang oberhalb des rechten Baches aufwärts. Kurz steil zum Waldrand hoch und links in Schotterweg. Im Wald rechts hoch auf unbefestigten Weg und am Waldrand rechts nach *Ohlig.* Hier gehen wir geradeaus und biegen an einem Strommast scharf nach rechts. Der Weg folgt den Windungen des Waldrands und mündet in eine Straße, auf dieser rechts weiter. Links ab in die Häuser von *Eich.* Vor Haus 24 führt der Weg nach rechts und über einen Bach geradeaus hoch nach *Seelscheid.* Auf die *Theodor-Körner-Straße* und an deren Ende links zur B 56. Diese rechts zur Ortsmitte. Die Wanderung setzt sich an der Ampelkreuzung links auf die *Talstraße* Richtung Neunkirchen fort.

# 46 Über die Sieg nach Blankenberg

**Ausgangspunkt** Seelscheid oder Neunkirchen. Bus Siegburg – Seelscheid / Neunkirchen – Much und (Siegburg -) Hennef – Neunkirchen – Seelscheid.
**Zielpunkt** Hennef-Uckerath. Bus Asbach – Uckerath – Hennef.
**Rückfahrt** Mit Bus über Hennef, bei Bedarf über Siegburg (Hennef – Siegburg auch Bahn).
**Tourenlänge** 23 bzw. 18 Kilometer.
**Wegzeit** 6 bzw. 4,5 Stunden.
**Höhenunterschiede** 600 Meter, ab Neunkirchen 480 Meter.
**Wegmarkierung** X29 (Bergischer Weg).
**Wanderkarte** Freizeitkarte 1:50 000, Blatt 24.
**Anmerkung** Wer die Strecke etwas verkürzen will, verzichtet auf das weniger attraktive Stück zwischen Seelscheid und Neunkirchen und geht erst hier los.
**Wissenswertes** Ab Neunkirchen wird die Wanderung zusehends reizvoller, am schönsten ist zweifelsohne der Abschnitt über den Nutscheid und die Sieg nach Blankenberg. *Neunkirchen* stammt vermutlich schon aus dem 10. Jahrhundert. In der Kirche finden sich Reste romanischer Fresken, die die Apokalypse in einmaliger Art und Weise darstellen. *Blankenberg* hatte bereits seit 1245 Stadtrecht und war bis zu seiner Eingemeindung nach Hennef eine der kleinsten Städte Europas. Der kleine, von geschlossener Stadtmauer umgebene Fachwerkort mit seiner vorgelagerten Burgruine ist ein Kleinod an der Sieg. *Nutscheid* siehe Tour 39.

**Tourenbeschreibung** Von der Ortsmitte in *Seelscheid* geht man auf die *Talstraße* Richtung Neunkirchen abwärts. Gegenüber der Tennishalle rechts in den *Biberweg* und am Siedlungsende nach links. Wieder zur Landstraße und diese überqueren nach *Hausermühle.* Am Ortseingang geradeaus abwärts. An der Schulbushaltestelle rechts abermals zur Straße und diese links. Die *Wahnbachtalstraße* kreuzen auf einen Fahrweg, links ein Sägewerk. Über den *Wahnbach,* gleich dahinter links ab auf Waldweg. Dann halbrechts ab, im Hang aufwärts auf etwas verwachsenem Pfad. Links auf den Teerweg und am Waldrand scharf rechts nach *Niederwennerscheid.* Rechts auf den Weg *Buschöhrchen,* der sofort links biegt. Zweimal links ab (die Markierung scheint im Kreis zu führen, nicht begehbare Privatwege erfordern diese Wegeführung) und rechts in *Ortsbitze.* Dann weiter auf der Richtung Neunkirchen führenden Straße. Mit der Straße abwärts in das Tal. Am jenseitigen Talhang neben kleinem Ziegelhäuschen rechts ab und sofort links hoch zur Straße, womit man eine Kehre abgekürzt hat, dann auf der Straße nach *Neunkirchen.* Hier links in die Straße *Benenberg* und einen Treppenweg hinunter zur *Hauptstraße.* Dieser folgen wir nach rechts.

Wir passieren Rathaus und Kreissparkasse und biegen dann links in die *Kirchstraße.* Vorbei an der Kirche und die *Schulstraße* kreuzen. An Einmündung *Ohlertstraße* halblinks auf Straße *Am Hang.* Abwärts durch Neubausiedlung und Ende der Straße geradeaus in den Wald, dann links auf Pfad hinunter ins Tal zu einem kleinen Stausee. Davor beim Pavillon scharf rechts in den talwärts führenden Fahrweg. Dann links zum jenseitigen Talhang und hier rechts. Der Weg steigt allmählich an, bei der zweiten Schutzhütte biegen wir links in Teerweg und gehen am Waldrand weiter. Am Rand von *Ohmerath* rechts abwärts auf die Straße. Die Straße biegt im Wald nach rechts, am Ende einer Waldwiese biegen wir links ab. Der alte Teerweg biegt nach links und fällt ins *Bröltal* nach *Ingersau.* Wir biegen scharf rechts in die B 478 ein, gehen geradeaus Richtung Bonn und biegen dann links ab über die *Bröl* Richtung Winterscheid nach *Winterscheiderbröl.* Gleich hinter der Brücke rechts und nach einem Betriebsgebäude links. In den Häusern bei einem Steinkreuz geradeaus auf *Am Brunnen.* Steiler Aufstieg, den Wiesenweg hoch, dann ein Stück am Waldrand, zur Straße. Kurz auf der Straße und am Waldrand bei Stromleitung wieder rechts ab. Weiter aufwärts, vorbei an kleiner Kapelle, das letzte Stück wieder auf der Straße, nach *Winterscheid.*

Hier bei Kapellchen rechts auf die Verkehrsstraße. Bei einer weißen Anbetungsgruppe halblinks in die Straße *Silberberg.* An

Seelscheid
Steinermühle
Scherpemich
Oberdorf
Mitteldorf
Gutmühle
Hausen
Söntgerath
Oberwennerscheid
Balensiefen
Schaaren
Neunkirchen-
Hausermühle
Hardt
Brackemich
Kotthausen
Niederwennerscheid
Wahnbach
Birkenfeld
Seelscheid
Höfferhof
Hülscheid
Dahlerhof
Krawinkel
Eischeid
Kirche
Neunkirchen
Sportplatz
Oberhorbach
Niederbeiert
Hohn
B 507
Wolperath
Ohmerath
Renzert
Kaule
Bröl
Wiescheid
Schöneshof
Ingersau
Birken
B 478
Winterscheiderbröl
Winterscheid
Remschoß
Bröl
Schreckenberg
Heisterschoß
Rennenberg
0
1 km
Derenbach

deren Ende links auf *Im Wingert* und am Siedlungsende rechts. Im Wald setzt sich der Weg linksknickend als Pfad fort. Wenn dieser sich gabelt, den rechten, unteren Pfad nehmen. Im Tal des *Derenbachs* rechts auf die Straße. An der Abzweigung nach Winterscheid geradeaus und links ab in den nächsten Weg. Über den Bach, gleich dahinter rechts ab, kurz darauf an Gabel links. Es geht kurz hoch, der Weg gabelt sich erneut, wieder auf den linken Weg und nach zehn Metern rechts auf Pfad im Hang hoch gehen. Wir müssen sehr steil ansteigen, halten uns links, an den Fichten bleibend. Diese Richtung wird in etwa beibehalten, auch wenn rechts ein Graben durchkreuzt wird. Schließlich verbreitert sich der Weg und mündet ein, wir gehen geradeaus weiter. An Kreuzung mit Schutzhütte (wir befinden uns auf dem *Nutscheid*) gehen wir geradeaus weiter (X12 läuft kurz mit). X29 geht geradeaus in den Fichtenhochwald. Schließlich am Waldrand, der Weg wird besser, und geradeaus auf Fahrweg. Nach einer Schranke in Rechtsbiegung des Fahrwegs links ab auf unbefestigten Weg. Schließlich links in eine schmale Straße. Wir durchschreiten *Niederhalberg* (hier kreuzt XS). Das Siebengebirge mit dem markanten Kegel des Großen Ölbergs kommt erstmals in Sicht, dann eröffnet sich der erste Blick auf Blankenberg. Wir gehen abwärts durch *Berg*. Dahinter wird die Straße in der Rechtskurve links auf den Teerweg verlassen. Dieser knickt erst links, dann rechts in den Talgrund des *Siegtals*. Über das Bahngleis und sofort dahinter rechts ab. Neben dem Gleis auf der Bahnbrücke über die *Sieg*. Dahinter scharf links und rechts nach *Stein*. Auf der Siegtalstraße kurz rechts und scharf links auf die Straße Richtung Blankenberg. Die Straße steigt am Burgberg an. Nach einer Marienstatue in der Mauer links auf Fußweg. Steiler Aufstieg, die Straße nochmals kreuzend, nach *Blankenberg*.

Hinter dem kleinen Stadttor rechts aufwärts und gegenüber dem alten Schulgebäude (jetzt Cafe) links in *Graf-Heinrich-Straße*. Aufwärts durch die Fachwerkhäuser und durch das *Katharinentor*. Rechts in den Weg *Scheurengarten*, der Befestigung folgend. An der Gabel nehmen wir den rechten, unteren Weg. Der Weg fällt eingesenkt neben der Stadtmauer. Am tiefsten Punkt links ab ins Naturschutzgebiet. Durch den Steilhang hinunter zum Bach, hier an der Gabel auf den rechten Pfad. Vorbei an Quellhäuschen und rechts über den Bach. Am jenseitigen Talhang links und rechts neben einem Seitenbach aufwärts. Am Waldrand links in Teerweg und bei Steinkreuz rechts ab. Unter den Hochspannungsleitungen durch nach *Hahnenhardt*. Geradeaus durch den Weiler (es mangelt an Markierung). Abwärts in ein Tal, am tiefsten Punkt links ab und am jenseitigen Talhang

Rennen-
berg
Derenbach
Litterscheid
N
Schutz-
hütte
Stockum
Bröl
Honscheid
Ober-
halberg
Neuenhof
Balenbach
Oppelrath
Driesch
Halberg
Niederhalberg
Weiden
Stachelberg
Büsch
Bödingen
Kningenthal
Sieg
Bülgen-
auel
Berg
Oberauel
Attenbach
Sieg
Sieg
Auel
Stein
Merten
Greuelsiefen
Stadt
Blankenberg
Striefen
Berg
Neuen-
hof
Hof
Adscheid
Beiert
Raveneck
Ahrenbach
Hahnen-
hardt
Süchterscheid
B 8
Lescheid
L 268
Buchholz
Bierth
Ravenstein
Lichtenberg
Dauben-
schlade
Löbach
Hüchel
Uckerath
Hollenbusch
0
1 km
Sommershof

rechts hoch. Der Weg mündet in einen Fahrweg, auf dem es geradeaus weiter geht nach *Uckerath* (Ortsteil *Bierth*). Hier links in die Straße *Schreinersbitze* und rechts in den *Finkenweg*. An seinem Ende rechts die Verkehrsstraße abwärts zur B 8 *(Westerwaldstraße)* und diese links bis zur Ampelkreuzung. Die Markierung X29 endet hier. Die Wanderung setzt sich rechts auf der *Lichstraße* Richtung Oberpleis fort, jetzt mit Markierung X9.

## 47 Durch das Siebengebirge an den Rhein

**Ausgangspunkt** Hennef-Uckerath. Bus Hennef – Uckerath – Asbach.
**Zielpunkt** Königswinter. DB-Strecke Koblenz – Neuwied – Linz – Königswinter – Bonn-Beuel – Troisdorf – Köln. Straßen-/U-Bahn nach Bonn. Rheinfähre nach Bonn-Mehlem.
**Rückfahrt** Mit der Bahn über Troisdorf (umsteigen) nach Hennef, von hier Bus.
**Tourenlänge** 21 Kilometer. **Wegzeit** 5,5 Stunden.
**Höhenunterschiede** 360 Meter.
**Wegmarkierung** X9 (Rhein-Ruhr-Weg). Die ebenfalls nach Königswinter führende Markierung Balken des Westerwaldvereins läuft teilweise mit. Halten Sie sich an die X-Zeichen. Es wird empfohlen, die Markierung zwischen Nonnenberg und Ruttscheid kurz zu verlassen, siehe Tourenbeschreibung.
**Wanderkarte** Freizeitkarte 1:50 000, Blatt 23 oder 24.
**Wissenswertes** Wie am Beginn unserer Ruhr-Rhein-Tour greifen wir auch am Ende über das Bergische Land hinaus. Zunächst wandern wir durch das reizvolle Pleiser Ländchen, müssen dabei allerdings einen guten Teil der Strecke auf Teerwegen zurücklegen. Wir kommen dem Höhepunkt der Wanderung immer näher: dem Siebengebirge mit dem beherrschenden Kegel des Großen Ölbergs. Das aus weit mehr als sieben Bergen bestehende Gebirge (der Name leitet sich von Siefe = eingeschnittener Wasserlauf ab) ist vulkanischen Ursprungs. Die Vulkanschlote mit ihrem harten Gestein sind stehengeblieben, das dazwischenliegende weiche Tuffgestein wurde ausgewaschen, so daß das ausgeprägte Gebirgsrelief zustande kam. Das Siebengebirge, das bereits seit 1924 komplett unter Naturschutz steht, bildet einen großartigen Abschluß unserer Wanderung durch das Bergische Land. Zu seinen Füßen im Rheintal erreichen wir schließlich Königswinter. Wer während der Saison nicht sofort die Flucht ergreift, kann dann die Wanderung im weinseligen Trubel ausklingen lassen...

**Tourenbeschreibung** Von der Ampelkreuzung geht man auf die *Lichstraße* Richtung Oberpleis, Markierung X9. Links in die *Burgstraße* Richtung Eulenberg. Die wenig befahrene Straße durchschneidet das *Scheußbachtal* (hier der *Burghof*). Auf der Höhe geradeaus an *Hove* vorbei nach *Knippgierscheid.* Ende des Weilers scharf rechts hinunter auf dem Teerweg nach *Hanf.* Hier scharf rechts in die Verkehrsstraße. Über den Bach, dahinter links aufwärts in Teerweg. Auf diesem Weg bleiben, der im Wald stärker ansteigt. An Einmündung gehen wir halblinks weiter auf breiteren Teerweg. Vorbei am *Schloß Neuglück* nach *Bennerscheid.* An der Schulbushaltestelle links ab, ungeteerter Weg in den Wald. Halbrechts in den nächsten Weg und zur Landstraße. Diese links nach *Willmeroth.* Hinter der Bushaltestelle rechts auf den Weg *Zum Büchelsberg.* An Kreuzung bei Schotterwerk geradeaus, auf das grüne Trafo-Häuschen zu. Davor rechts ab in den Wald. Eine Straße schräg kreuzen. Der Weg biegt nach rechts und folgt anfangs einem Einschnitt. Der Weg senkt sich allmählich und führt durch prächtigen Ilex-Bestand. In Rechtsbiegung des Weges links ab in Querweg, dann an Kreuzung wieder nach rechts und abwärts ins *Pleisbachtal* nach *Nonnenberg.* Wir knicken links zur Landstraße und kreuzen sie auf den *Hüscheider Weg.* Am Ortseingang von *Hüscheid* rechts hoch und hinter Haus 105a scharf rechts ab. Der Weg schwenkt in ein Tal ein. Auf Schotterweg an den linken Talhang. Hinter Teichen rechts ab und geradeaus neben Fichten hoch. Die Markierungen weisen dann links in einen Teerweg. Man geht jedoch besser, um ein Stück entlang einer stark befahrenen Landstraße zu vermeiden, geradeaus weiter und biegt in den nächsten Weg links ein. Auf diesem Teerweg, die Landstraße überquerend, nach *Ruttscheid,* wo wir wieder auf die Markierung treffen. In *Ruttscheid* gehen wir, wenn links der Weg *Mühlenbitze* abzweigt, rechts hoch und dann links in den Weg *Am Keth.* Unter der Autobahn durch Richtung Thomasberg. Rechts in die erreichte Straße, die dann gleich nach links biegt. Wir verlassen die Straße links aufwärts ins Naturschutzgebiet, jetzt beginnt der Anstieg ins *Siebengebirge.* Geradeaus ziemlich steil hoch zu Schotterweg, auf dem es rechts weitergeht. Der Weg biegt nach links. Vor einem Steinkreuz zunächst nach links und nach wenigen Metern rechts. Der Weg schwenkt nach rechts und wird in den nächsten Weg links ab verlassen. Rechts die Kuppe des *Kleinen Ölbergs.* Der Weg steigt noch ein Stück an, führt oberhalb einer Schutzhütte vorbei und mündet dann in einen Waldfahrweg, auf dem es links weitergeht. Wenn dieser Weg endet, gehen wir links auf den Querweg, weiter auf dem *Ölberg-Rundweg.* Wenige Meter später zweigt links ein

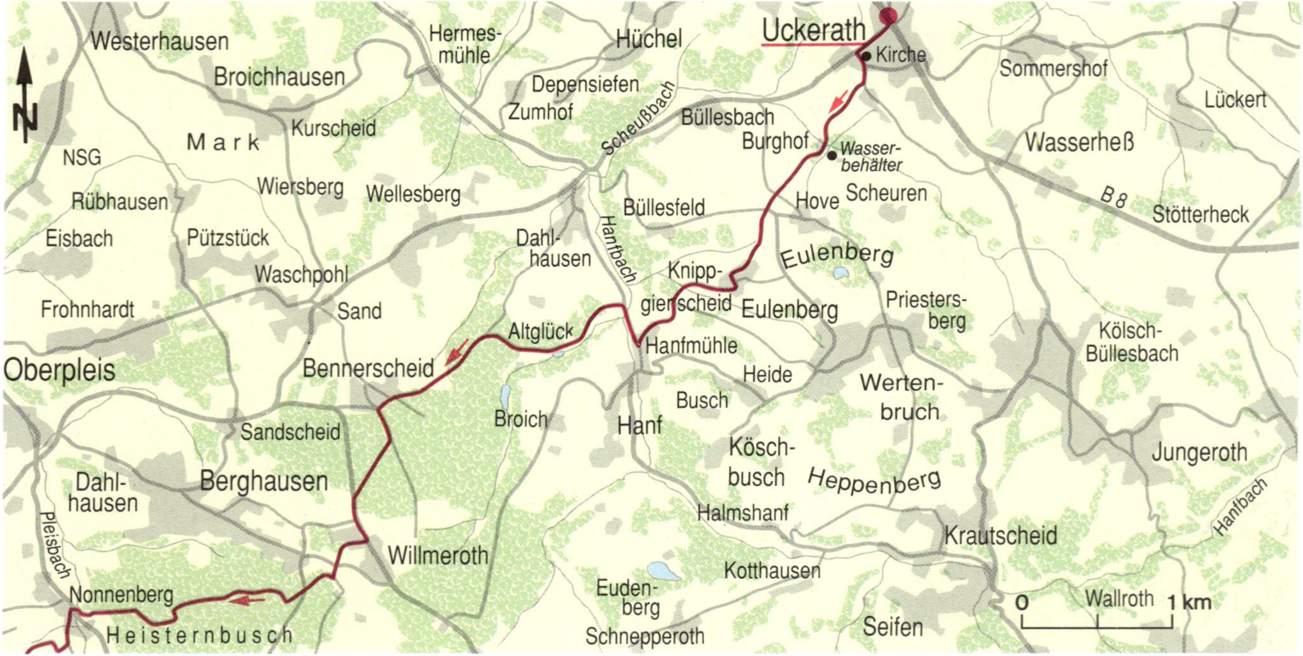
N
Uckerath
Kirche
Sommershof
Lückert
Wasserheß
B8
Stötterheck
Westerhausen
Hermes-
mühle
Hüchel
Broichhausen
Depensiefen
Zumhof
Scheußbach
Büllesbach
Burghof
Wasser-
behälter
Mark
Kurscheid
NSG
Wiersberg
Wellesberg
Rübhausen
Hove
Scheuren
Büllesfeld
Eisbach
Pützstück
Dahl-
hausen
Hanfbach
Knipp-
gierscheid
Eulenberg
Eulenberg
Waschpohl
Priesters-
berg
Frohnhardt
Sand
Altglück
Hanfmühle
Kölsch-
Büllesbach
Oberpleis
Bennerscheid
Heide
Wertenbruch
Busch
Broich
Hanf
Sandscheid
Kösch-
busch
Heppenberg
Jungeroth
Dahl-
hausen
Berghausen
Halmshanf
Hanfbach
Krautscheid
Pleisbach
Willmeroth
Kotthausen
Euden-
berg
Nonnenberg
Heisternbusch
Schnepperoth
Seifen
0
Wallroth
1 km

Dollendorfer Hardt
Weilberg
Heister-bacherrott
Thomasberg
Boseroth
Berg-hausen
Dahlhausen
Hasen-boseroth
Pleisbach
Ober-dollendorf
Nieder-
Kloster Ruine Heisterbach
Stenzel-berg
Gut Buschhof
Busch
Kippen-hohn
Ruttscheid
Nonnenberg
AS Sieben-gebirge
Hüscheid
Jugendhof Rheinland
Petersberg
Kleiner Ölberg
Rosenau
Gräfenhohn
Nonnen-stromberg
Großer Ölberg
Naturschutzgebiet
Ittenbach
A 3/E 35
Bahnhof
KÖNIGSWINTER
Nachtigallental
Margarethen-höhe
Trachit Hütte
Lahr
Elsigerfeld
Geisberg
Hütte
Lohrberg
Rhein
B 42
Drachen-burg
Rhöndorfer Tal
0
1 km
Hövel
Aegidienberg

schmälerer Weg ab. Wer den weiteren Aufstieg nicht scheut, kann bei klarer Sicht einen Abstecher über den *Großen Ölberg* machen, indem man diesen Weg hochgeht (Markierung R des *Rheinhöhenwegs,* zum Gipfel muß weiter oben das R-Zeichen verlassen werden). Ansonsten mit den X-Zeichen auf dem breiten Schotterweg bleiben und weiter durch den Berghang. An der *Margarethenhöhe* gehen wir rechts hinunter zur Landstraße.

Diese wird gekreuzt auf die *Löwenburger Straße.* In den nächsten Weg halbrechts ab. Wir betreten wieder das Naturschutzgebiet. Vorbei an einer Quelle zum *Nasseplatz* (links Grillstelle in aufgelassenem Steinbruch, rechts Denkmal für *Berthold von Nasse).* Wir verlassen den Weg, der hier zu fallen beginnt, links auf schmalen Fußweg Richtung Lohrberg. Im Hang hoch und zwischen den Felsen nach links. Wenn der Weg sich gabelt, gehen wir mit den X-Zeichen nach rechts. Ein Stück an einer Waldwiese vorbei und beim *Franz-Schultz*-Denkmal über Stufen zu einem Schotterweg hinunter, auf dem es scharf rechts abwärts geht. Vorbei an einem Unterstand und links in Querweg. Auf dem breiten Weg bleiben, vorbei an einer Schutzhütte. Der Weg verläuft dann durch den Hang des *Geisbergs,* zu dem links ein schmälerer Weg abzweigt (Wegestein). Wir bleiben noch auf dem Hauptweg und biegen dann in den nächsten Weg links ab. Der Weg führt abwärts zum *Milchhäuschen* (Gasthaus). Rechts daran vorbei, neben der Wandertafel links ab und wieder rechts in eine Allee. Wenn der Weg sich gabelt, gehen wir im Rechtsbogen auf dem unteren Weg weiter, durch den Hang der *Wolkenburg.* Blick auf den Petersberg. Der Weg mündet beim *Heinrich von Dechen*-Denkmal in einen Teerweg. Voraus liegt das Schloß *Drachenburg* (Naturparkmuseum), Blick ins Rheintal über Bonn. Es geht auf dem Teerweg rechts abwärts und vor der Wandertafel nach links. Kurz darauf links hinunter Richtung Königswinter. Auf dem eingeschnittenen Weg steil abwärts. Zunächst geradeaus und an der zweiten Kreuzung rechts ab hinunter ins *Nachtigallental.* Durch die Talschlucht abwärts nach *Königswinter,* das unter der Autobahn durch erreicht wird. Geradeaus, die *Winzerstraße* kreuzend, in die *Bahnhofstraße.* Wer sofort mit der Bahn zurückfahren will, geht hinter dem Bahnübergang rechts zum Bahnhof. Zum Rhein (und zur Straßenbahn nach Bonn) geradeaus auf der *Bahnhofstraße,* am Ende rechts in die *Hauptstraße* und links in die *Clemens-August-Straße.* Wir erreichen die Rheinpromenade und stehen am Ende unserer Wanderung.